Liebe XING MAGAZIN *Leserinnen und Leser,*

SHARE ME, BABY!

Sharing macht glücklich, rettet die Umwelt, bringt mehr Gleichheit und Manchen auch ein Vermögen ein. Ist es möglich, dass mit der Sharing Economy die Quadratur des Kreises gelingt: Hedonimus mit dem Ergebnis einer besseren Welt?

Manche meinen Ja. Zum Beispiel sehen die Autoren des bahnbrechenden Werkes „What´s Mine Is Yours" mit der Sharing Economy ein neues Bewusstsein bei Menschen um sich greifen, das Konsum neu definiert und dabei Gemeinschaftssinn und Umweltschutz fördert. Dass sich dabei auch vortrefflich Geld verdienen lässt führt **Alex Stephany vor.** Er hat einen kleinen Londoner Sharing-Marktplatz, auf dem Parkplätze getauscht werden, an die New Yorker Börse gebracht und ganz nebenbei ein Buch darüber geschrieben.

So wie **Alex Stephany** kommen aber nicht alle, ja eigentlich nur die Wenigsten zur Sharing Economy. Viele beteiligen sich an Plattformen um Kontakte zu knüpfen, andere, weil sie sich Dinge des täglichen Bedarfs anders nicht leisten können. **Juliet Schor** hat die Alltagserfahrungen der Sharer untersucht, was sie dabei verdienen können und welche Rolle dabei soziale Aspekte spielen.

Aber was ist das eigentlich für ein neuartiges Phänomen, diese Sharing Economy? **Arun Sundararajan** analysiert die wirtschaftliche Philosophie des kollaborativen Konsums und wie sie die Konsumkultur verändern wird.

KOOPERATIONEN

Mit unseren Kooperationspartnern konnten wir das Sharing-Thema in den Bereichen Markenführung und China erweitern. Den neuen Trends des kollaborativen Konsums müssen sich auch viele klassische Unternehmen stellen und in ihren Marketingstrategien Rechnung tragen. XING Magazin sprach dazu mit dem Markenberater und Geschäftsführer der Agentur Brainds, Thomas Hotko.

Wie das Rennen um die Marktführerschaft am Sharing Markt in China geführt wird, hat **Ingrid Fischer-Schreiber** von ChinaCultureDesk recherchiert. Dort steht für die Konkurrenten nicht nur der größte Markt weltweit auf dem Spiel. Denn das Motto „The winner takes it all" gilt auch in der Sharing Economy, und damit geht mit dem Rennen um Milliardeninvestitionen ein Gutteil des asiatischen Marktes wahrscheinlich an den finanzstärksten und aggressivsten Bewerber.

In dieser Ausgabe dürfen wir auch einen neuen Kooperationspartner vorstellen: **Klaus Æ. Mogensen** vom Copenhagen Institute for Future Studies stellt die Frage, was Menschen in einer zunehmend automatisierten Zukunft arbeiten werden und präsentiert dazu vier Szenarien.

Viel Freude beim Lesen wünschen

Ihre XING Magazin-Redaktion

&

Bernhard Seyringer, Herausgeber

Inhalt

AUTORINNEN

RACHEL BOTSMAN hält das weltweit bisher erste Seminar zu Collaborative Economy für MBA-Studierende an der University of Oxford, Saïd Business School. Ihre TED-Talks zum Thema Collaborative Consumption erreichen ein Millionen-Publikum. Laut Monocle zählt sie zu den Top-20 der gefragtesten Keynote-Referenten der Welt.

KLAUS Æ. MOGENSEN arbeitet als wissenschaftlicher Mitarbeiter am Copenhagen Institute for Futures Studies, und ist Redakteur im Science & Technology Ressort der preisgekrönten Wirtschaftszeitschrift „Scenario Magazine". Mogensen forscht zum Thema Zukunft in den Bereichen Technologie, Kultur und Gesellschaft.

JULIET B. SCHOR lehrt Soziologie am Boston College, USA. Davor war sie 17 Jahre an der Harvard University. Mit dem Projekt „Connected Consumption and Connected Economy" untersucht sie seit 2011 die Sharing Economy in den Bereichen Time Banking, Open Learning, regionale Food Swaps und bekannte Social Marketplaces wie Airbnb.

BERNHARD SEYRINGER, Leiter von Media Research Vienna, wiss. Mitarbeiter am EIPPR (European Institute for Public Policy Research) Brüssel; Herausgeber von XING Magazin

INGRID FISCHER-SCHREIBER ihat an der Beijing Language and Culture University Sinologie studiert. 2013 gründete sie ChinaCultureDesk, the China Information Company und ist als Projektmanagerin, Lektorin und Übersetzerin für Verlage und Kulturinstitutionen tätig.

TOM SLEE, Chemiker, Brite und Wahlkanadier schreibt seit über fünfzehn Jahren über Politik, Wirtschaft und neue Technologien. Mit seinem Buch „What's Yours Is Mine" antwortete er auf das Standardwerk der Sharing Economy von Bootsmann und Roo „What's Mine Is Your's" und gilt als profunder Kritiker der Sharing Economy.

ALEX STEPHANY, Sharing Economy Experte und Autor, lebt in London und hat als CEO namhafte Investoren, z. B. BMW und Index Ventures, für das Start-up „JustPark" interessiert und es in der Folge an die Börse gebracht.

ARUN SUNDARARAJAN gilt als führender Experte der Sharing Economy und lehrt an der New York Univesrsity's Stern School of Business. Als gefragter Autor erscheinen seine Beträge unter anderem in der New York Times, Wired, Le Monde, Financial Times u. a.

ROO ROGERS, Co-Autor des bahnbrechenden Werkes zur Sharing Economy, „What's Mine Is Yours", gründete die Venture Capital Firma, OZOLab, die ökologische Unternehmen und Produkte fördert. Rogers ist neben seiner unternehmerischen Tätigkeiten auch Filmschaffender und trägt seit er 11 Jahre alt ist ausschließlich rote Socken.

In San Franzisco haben sich Melissa, Christina und Julianne gerade bei "Style Lend HQ", Sharing für Designermode, für ihren Girls-Abend zurecht gemacht. © The Wink

Warum soll die so genannte „Sharing Economy" was Neues sein? Teilen ist doch eine seit Menschengedenken geübte Praxis. Die Sharing Economy aber – auch als kollaborativer Konsum bezeichnet – kommt durch die Verbindung von scheinbar natürlichen Verhaltensweisen mit mobilen Internetanwendungen erst so richtig in Schwung.

IM WESTEN UND OSTEN WAS NEUES?
Wie uns Teilen verändert.

TEXT: BERNHARD SEYRINGER

Obwohl die Sharing Economy als neue Form des Wirtschaftens erscheint, ist die Praxis auf der sie beruht – etwas zu teilen – wohl so alt wie die Menschheit selbst. Menschen teilen seit Urzeiten schon allein, um zu überleben. Aber es ist auch eine Selbstverständlichkeit, so zu sagen eine kulturelle Norm, den eigenen Besitz mit anderen zu teilen, indem man zum Beispiel Fremden die Uhrzeit nennt, Geldscheine wechselt, oder das Feuerzeug borgt. Innerhalb enger sozialer Beziehungen wird Besitz noch weitgehender geteilt. Wer würde nicht eine Portion vom Abendessen einem unerwarteten Gast anbieten? Wer würde nicht der Freundin die eigene Handtasche ausleihen? Selbst Wohnmobile, Rasentraktoren, private Badeplätze und was es sonst so im Freundeskreis gibt, wird nicht selten geteilt.

Das Neue an der Sharing Economy ist nicht die Praxis, sondern die Möglichkeiten, die sich durch Internet und mobile Geräte eröffnen. Wer in Mallorca Lust auf Sangria hat, ist nicht unbedingt in der Lage einen ganzen Kübel zu trinken oder willens zu bezahlen. Wer in Wien gerne Fiaker fahren möchte, will vielleicht nicht während der Fahrt der ungeteilten Aufmerksamkeit des Kutschers ausgeliefert sein. Sharing-Apps können dabei helfen Gleichgesinnte in der Nähe zu finden.

Genau das machen Sharing Marktplätze wie Airbnb, Uber, oder EatWith. Aber es hieße nicht „Economy", wenn es beim Teilen nicht um eine bestimmte Form des Tauschens ginge, bei der es auch um Vorteile und Interessen geht. Doch dabei muss es sich nicht um einen Tausch von Gütern gegen Geld handeln. Da die Sharing Economy Marktplätze hervorgebracht hat, in denen Besitzer gar nicht unmittelbar für einen Service oder eine Ware einen Gegenwert erhalten, liegen für manche Beobachter Vergleiche mit einer Geschenkökonomie nahe.

Dieser Bezugspunkt brachte der Sharing Economy auch den Ruf, dass Gemeinschaft und soziale Kontakte gefördert würden. Neben den umweltfreundlichen ressourcenschonenden Aspekten ein weiterer schöner Gedanke. Besonders Plattformen wie Couchsurfing, wo Menschen eine Übernachtungsmöglichkeit gratis anbieten, legen diesen Schluss nahe. Bei Myfoodsharing sind in Wien schon über 400 Lebensmittelretter aktiv, und versorgen Menschen mit gratis Nahrung. Die Facebookgruppe „Wien tauscht" hat etwa 13.000 Mitglieder. Aus „Offenen Bücherschränken", die es vielfach an öffentlichen Orten gibt, können sich Interessierte ohne Tauschleistung bedienen. Sogenannte „Bibliotheken der Dinge" entstehen allenthalben, in denen Menschen Waren einfach mitnehmen können. „Swap"-Märkte, also Gelegenheiten zum Tauschen ohne Geld, werden immer mehr, und dabei können Menschen von Technik über Kleider und Essen, fast alles bekommen. Über „Eatwith" kann man sich bei fremden Menschen selbst zum Abendessen einladen. Das Essen jedoch wird in der Regel bezahlt.

So sind die Grenzen zwischen den vielfältigen Formen der Sharing Economy fließend. Wie in vielen neuen Märkten gibt es Teilnehmer, die sich aus idealistischen Gründen beteiligen und andere, die damit vornehmlich Geld verdienen wollen. Auch diese Möglichkeit dürfte in der Sharing Economy vortrefflich gelingen. So hat es etwa Zipcar, eine kollaborative Automietplattform, geschafft, Avis zu übernehmen. Airbnb, eine kommerzielle Sharing-Plattform für Übernachtungen, hat internationale Hotelketten an Börsenwert überholt.

Die Sharing Economy beruht zwar auf traditionellen Praxen, es scheint jedoch, dass traditionelle Gewissheiten neu definiert werden. Das alte Sprichwort „Hast Du was, bist Du was" könnte sich etwa verändern in „Teilst Du was, hast Du mehr" ... «

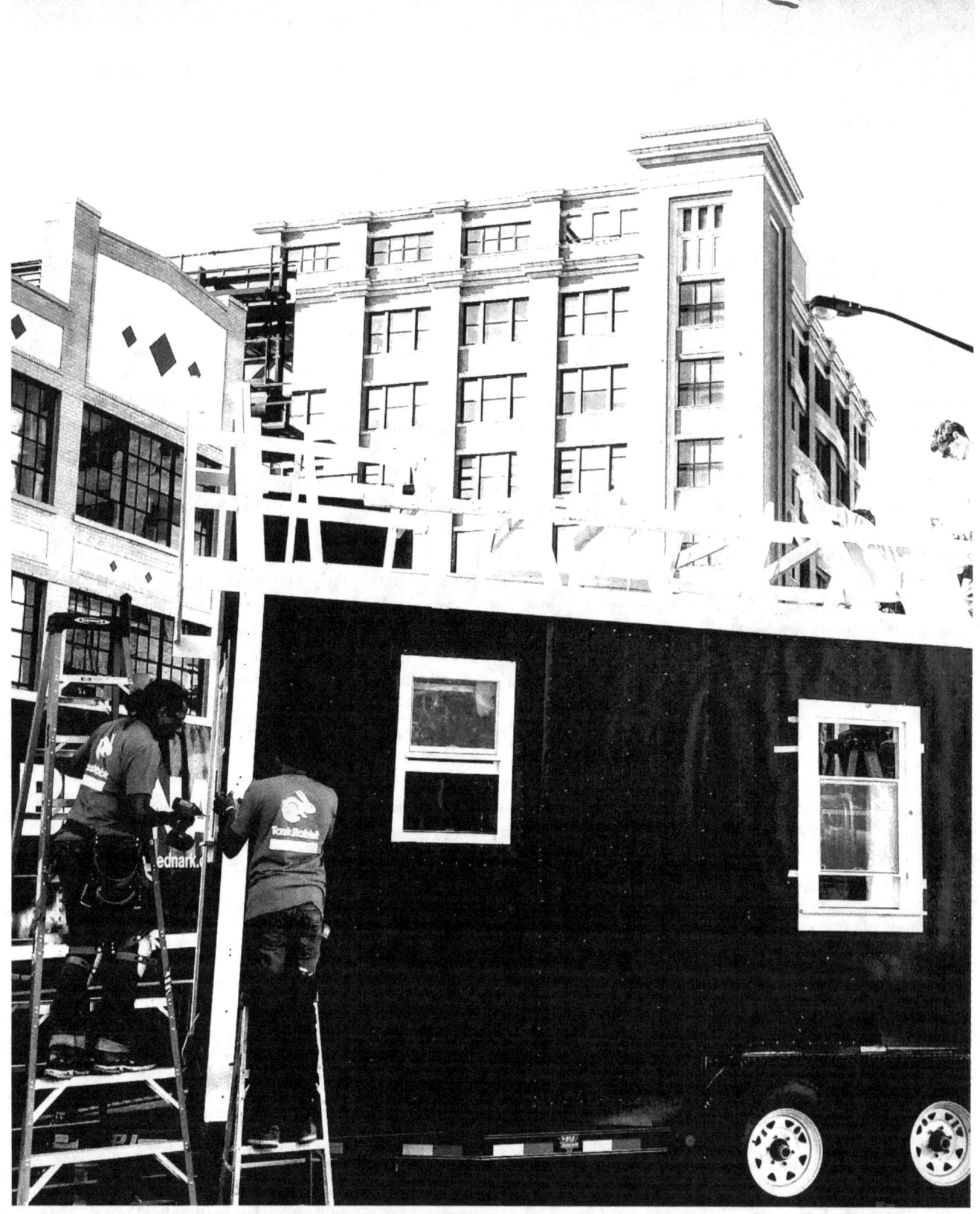

TaskRabbit verpartnerte sich mit Community Solutions, ein Dienstleistungsunternehmen spezialisiert auf kommunale Services, in New York. Im Bild "TaskRabbits" beim errichten von Obdachlosenunterkünften, Mai, 2016 © TaskRabbit

Während die akademische Debatte über Vor- und Nachteile der Sharing Economy relativ am Anfang steht, hat sie die Alltagskultur vieler Menschen bereits grundlegend verändert.

SHARE ME, BABY!
Alltagserfahrungen in der Sharing Economy.

TEXT: JULIET B. SCHOR

Bringt die Sharing Economy den Menschen Vorteile für ihren Alltag? Regt sie zu ökologischerem Verhalten, sozialen Beziehungen an? Nehmen ökonomische Ungleichheit dadurch ab? Oder entwertet sie Arbeitskraft und setzt das Leben der Menschen stärker unter Ökonomisierungsdruck? Wird die Sharing Economy den gesellschaftlichen Reichtum weiter zugunsten der Eliten verschieben? Fragen wie diese werden in der akademischen Welt sehr hitzig diskutiert, während die Sharing Economy selbst längst im Alltag der Menschen angekommen ist. Wie erleben sie diese Veränderungen?

Juliet Schor, Professorin für Soziologie am Boston College, USA, hat ihre Doktoranden zu Menschen geschickt, die auf lokalen Plattformen ihren Besitz und ihre Arbeitskraft anbieten. Sie wollten herausfinden, wie die Menschen ihre Verdienst- und sozialen Möglichkeiten bewerten. In XING berichtet die Wissenschaftlerin über Motive der Sharer und ihre Ergebnisse über die viel gepriesene Soziabilität der Sharing Economy.

In diesem Artikel sollen Ergebnisse über das Erleben der Sharing Economy im Vordergrund stehen. Meine Doktoranden haben Menschen besucht, die auf drei verschiedenen Internet-Plattformen tätig sind, um Geld zu verdienen. Die bekannteste davon ist wahrscheinlich Airbnb, eine Internet-Plattform auf der private Personen Übernachtungsmöglichkeiten in ihren eigenen vier Wänden anbieten. Relay Rides wiederum, wurde 2009 in Boston gegründet und mittlerweile von Turo.com übernommen. Dabei handelt es sich um eine Peer-to-Peer (Person zu Person; i. F. „P2P") Autoverleih-Plattform, in der Privatpersonen ihr Auto anderen Menschen überlassen. Auf TaskRabbit, ebenfalls ein Bostoner Start-up, wird die Arbeitskraft von „Rabbits", etwa für Reinigung, Haustierpflege, Umzugshilfe, Zusammenbauen von Ikea-Möbeln usw., Kunden der Plattform angeboten. Als die Interviews aufgenommen wurden verzeichneten diese Plattformen enorme Zuwachsraten.

Hier gehe ich auf Interviews ein, die Teil einer größeren Studie zur Sharing Economy sind, die wir im Jahr 2011 am Boston College und der Boston University begonnen haben. Seither haben wir sieben Fallstudien fertiggestellt, drei aus dem Non-Profit-Bereich (eine Zeitbank, eine Food Sharing Plattform, und eine Arbeitskräfte-Börse) , drei aus dem profitorientierten Bereich (Airbnb, RelayRides, TaskRabbit; i. F. Profit Plattformen), und eine aus dem gemischten Bereich von Plattformen für Open-Access Bildung (z. B. Coursea, SkillShare). Im Zuge der Studie haben wir über 200 Sharing Economy Teilnehmer interviewt und hunderte Stunden Teilnehmer-Beobachtungen durchgeführt. In den Interviews, sie dauerten zwischen 45 bis 90 Minuten, haben wir mit den Menschen über eine breite Auswahl an Themen gesprochen, sie haben uns über ihr Leben erzählt, wie sie zu den Plattformen kamen, Risikoeinstellung und ihre Erfahrungen. Die Teilnehmer waren zwischen 18 und 34 Jahre alt, denn die Innovatoren und Early Adaptors dieser Praxen sind vornehmlich aus dieser Altersgruppe.

Die Ergebnisse, die ich hier berichte, basieren auf 43 Interviews aus dem Jahr 2013 und einige Interviews aus der Folgestudie im Jahr 2015. Diese Interviews stammen von Menschen, die wir aus den profitorientierten Plattformen eingeladen haben. Sie erzählten über ihre Motive zur Teilnahme an den Plattformen, Verdienstmöglichkeiten, und die sozialen Aspekte der Sharing Economy.

Alle drei Profit-Plattformen, Airbnb, RelayRides und TaskRabbit, sind als Peer-to-Peer Märkte organisiert, aber nicht alle Aktivitäten sind ausschließlich P2P. Während bei den Transaktionen P2P in allen Profit-Plattformen dominiert, gibt es etwa bei Airbnb Gastgeber, die mehrere Übernachtungsmöglichkeiten anbieten und neuerdings auch professionelle Anbieter. In unserem Sample gibt es aber keine solchen Fälle. Ein Interviewpartner bei TaskRabbit vergab Aufträge an Zulieferer weiter. Einige Interviewpartner nutzen die Plattform auch, um Aufträge zu gewinnen als sie gerade »

Ein Car-Sharing Parkplatz in Ottawa, USA © Mario Roberto Duran Ortiz

Das Sample enthält Personen, die sich von ihrem Einkommen kaum das Lebensnotwendige, wie Miete und Lebensmittel leisten können, aber auch solche, die mehr als 100.000 Dollar im Jahr verdienen.

dabei waren sich selbständig zu machen. Außer dem Fall mit Zulieferern hat keine Interviewperson in unserem Sample expandiert (z. B. weitere Apartments oder Autos angeschafft), aber einige erwägten einen solchen Schritt.

MOTIVE UND VERDIENST

„Also, ich denke öfter, dass ich besser dran wäre, wenn ich bei McDonalds arbeiten würde. Ich würde das Gleiche verdienen und hätte noch ein gratis Mittagessen." – Drew, TaskRabbit;

Aus unseren Interviews geht hervor, dass nicht der soziale sondern der finanzielle Aspekt das dominante Motiv war, sich bei den Profit-Plattformen zu registrieren. Das betrifft sowohl Anbieter als auch Konsumenten (die wir ebenfalls interviewt haben, in diesem Artikel werden sie aber nicht berücksichtigt). Die Plattformen, die hier behandelt werden, entstanden nach dem Wirtschaftskollaps in den Jahren 2008 bis 2009. Sie wurden eine begehrte Erwerbsmöglichkeit für Menschen, die ihre Jobs oder Einkommen verloren haben, oder nach Ausbildung bzw. Studium keine Arbeit fanden. Einige unserer Studien-Teilnehmer beispielsweise, mussten Studiendarlehen zurückzahlen, und diese Situation führte sie zum Airbnb-Einstieg. Viele Anbieter mit denen wir gesprochen haben, hatten aber ein gutes Einkommen. Sie reizte die Möglichkeit mit Airbnb noch zusätzliches Geld dazu zu verdienen.

Zusammenfassend kann gesagt werden, dass der Wunsch Geld zu verdienen zwar das dominante Motiv aller Interview-Teilnehmer war, aber ihre wirtschaftlichen Situationen waren sehr unterschiedlich. So enthält das Sample beispielsweise Personen, die sich von ihrem Einkommen kaum das Lebensnotwendige, wie Miete und Lebensmittel leisten können, aber auch solche, die mehr als 100.000 Dollar im Jahr verdienen. Mit wenigen Ausnahmen waren alle Teilnehmer zufrieden mit ihren Erlebnissen sowie dem Einkommen, und begeistert von der Sharing Economy.

Aus unseren Interviews geht hervor, dass von den drei Profit-Plattformen Airbnb die weitaus besten Einkommensmöglichkeiten bietet. Wir führten mit zwei Personen Interviews, die mehr als 30.000 Dollar im Jahr mit dieser Plattform verdient haben – dabei haben sie nur eine einzige Immobilie angeboten. Eine Studienteilnehmerin war Sheena, eine junge Frau, die über Airbnb ihr Heim vermietete. Sie erwartete

in dem Jahr als wir sie befragten, ebenfalls Einnahmen von 30.000 Dollar. Sheena erzählte uns, dass mit der Vermietung ganzer Apartments auf Airbnb drei bis vier Mal mehr zu erzielen wäre als bei gewöhnlicher Vermietung. Die Einkommensperspektive auf dieser Plattform erschien so lukrativ, dass Sheena misstrauisch wurde: „Ich war mir sicher, da muss irgendwas passieren. Es ist zu schön um wahr zu sein."

In unserem Sample gab es einige Airbnb-Gastgeber, die ihr Zuhause vermieteten, und dabei beträchtliche Einkommen erzielten. Ein Teilnehmer, von Beruf Unternehmensberater, vermietete sein zentral gelegenes Luxusapartment in Boston und verrechnete pro Nächtigung 350 Dollar. Er erzählte, dass er in dem Jahr, in dem wir ihn interviewt haben, mit Airbnb etwa 34.000 Dollar verdienen würde. Aber es gab auch eine Gruppe Airbnb-Gastgeber, für die nicht nur der finanzielle Anreiz ausschlaggebend war.

Die finanziellen Aussichten sind bei den beiden anderen Profit-Plattformen weitaus weniger grandios. Dramatisch geringer waren die Verdienstmöglichkeiten auf Relay Rides. Gerade einmal zwei Autobesitzer berichteten, dass sie mehr als 1.000 Dollar einnehmen würden. Bei den finanziellen Verhältnissen herrscht in dieser Gruppe die größte Diversität. Es gibt Menschen bei RelayRides mit Einkommen nahe der Armutsgrenze und andere mit mehr als 100.000 Dollar Jahresgehalt. Daher überrascht es nicht, dass ihre Einstellungen zu Sharing und wirtschaftlichen Motive sehr unterschiedlich waren.

Einige störte es, dass ihre Autos ungenutzt herumstanden, weil sie monatliche Kosten verursachten. Für andere wurde die Anschaffung eines Autos erst durch die Plattform finanziell möglich. Eine andere Gruppe freute sich einfach, dass sie die Autokredite durch den Einkommenszuwachs finanzieren konnten. Es waren auch einige dabei, die finanziell gerade noch über die Runden kamen und dieses Extraeinkommen – wenn auch klein – nötig brauchten. Unsere Interviews zeigten, dass fast alle Studien-Teilnehmer mit ihren Erlebnissen zufrieden waren. Der Zeitaufwand um eine Transaktion auf der Plattform durchzuführen war kurz und sie hatten das Gefühl, dass auch das Risiko gering war.

Obwohl bei den TaskRabbits die finanziellen Verhältnisse breit variierten, war die Einkommensmöglichkeit der dominante Motivator. Einige Studien-Teilnehmer waren Studenten, die nach ihrem Abschluss keine Vollzeitstelle fanden. An- »

Ein "Fairteiler" im "Umsonstladen" der Initiative "Lebensmittelretten Dresden" © Umsonstladen Dresden, 2014

Wir haben festgestellt, dass sogar Menschen mit sehr breit verfügbaren Fertigkeiten (wie Putzen, Autofahren, Produkte testen) zumindest den doppelten Mindestlohn lukrieren konnten.

dere wollten etwas zu ihrem Einkommen dazu verdienen, um beispielsweise Darlehen zurück zu zahlen. Das Unternehmen schätzte 2013 den Anteil an Rabbits, die über die Plattform einer Vollzeitbeschäftigung nachgingen, auf 10 % (Newton, 2013). Unsere Rate war zumindest das Zweifache.

Für einige, die beispielsweise gerade dabei waren sich selbständig zu machen oder familiäre Verpflichtungen hatten, war die Flexibilität über die Plattform an Jobs zu kommen, der wichtigste Vorteil. Einige waren sehr unternehmerische Menschen, die ihre freie Zeit nicht unproduktiv verbringen wollten. Insgesamt waren die Stundenlöhne, die auf der Plattform geboten wurden, besser als anderswo.

Wir haben festgestellt, dass sogar Menschen mit sehr breit verfügbaren Fertigkeiten (wie Putzen, Autofahren, Produkte testen) zumindest den doppelten Mindestlohn lukrieren konnten und mindestens 20 bis 25 Dollar pro Stunde verdienten. Aber nur wenige haben genug Stunden gearbeitet, um ein signifikantes Einkommen zu verdienen – die meisten haben weniger als 5.000 Dollar, nur zwei haben 10.000 Dollar bzw. mehr verdient.

Wir wollten von unseren Interview-Partnern auch wissen, wie sie die Einkünfte aus den Plattformen zu ihren Vollzeit-Jobs oder anderen ähnlichen, bezahlten Beschäftigungen in Relation setzen. Für Airbnb-Gastgeber waren die Einkünfte aus der Plattform bei fast 60 % höher, ungefähr ein Drittel verdiente mit Airbnb weniger, und 10 % verdienten das Gleiche. Bei den Autobesitzern auf Relay Rides verdienten nur 30 % mehr und 60 % verdienten weniger als in ihren Jobs. Bei TaskRabbit verdienten 20 % mehr, etwa die Hälfte weniger und ein Drittel das Gleiche wie in vergleichbaren Beschäftigungsverhältnissen.

SOZIABILITÄT

„Nein, nur das Geld. Also, ich habe keine neuen Freundschaften geschlossen oder so was." Allegra, Relay Rides Autovermieterin

Soziale Interaktionen fördern – also Menschen treffen, neue Freunde finden, den Gemeinschaftssinn stärken – ist ein oft erwähnter positiver Faktor bei Sharing Plattformen. Soziabilität ist in der Airbnb-Rhetorik von herausragender Bedeutung, aber es ist auch generell ein wichtiges Merk-

mal im Sharing Economy Diskurs. Daher haben wir unsere Studien-Teilnehmer auch über ihre diesbezüglichen Erfahrungen befragt.

Für Airbnb-Gastgeber waren die sozialen Aspekte für die Teilnahme auf der Plattform von sehr unterschiedlicher Bedeutung. Über die Hälfte der Gastgeber bewerteten Soziabilität als wichtigen Motivator für sich. Für sie ist dies ein angenehmer Teil ihrer geübten Praxis. So knüpften sie Kontakte mit ihren Gästen, aßen gemeinsam mit ihnen, gingen gemeinsam aus und, in manchen Fällen, entstanden auch Freundschaften. Einige wenige Studien-Teilnehmer meinten, dass sie auch weiter vermieten würden, wenn sich ihre finanzielle Situation deutlich verbessern würde. Andere erzählten uns, dass der soziale Aspekt genauso wichtig sei, wie der finanzielle. Ein Teilnehmer, der auch auf Couchsurfing (Übernachtungen ohne Entgeltleistung) und TaskRabbit eingetragen ist, erinnerte sich, dass er zwei Europäische Gäste, mit denen sich eine enge Freundschaft entwickelt hatte, einlud noch länger gratis bei ihm zu wohnen. Andere erzählten, dass für sie Menschen beherbergen etwas Ähnliches wie Reisen wäre, weil andere Kulturen zu einem nach Hause kommen.

Mit Daten von Couchsurfing haben der Soziologie Paolo Parigi und Kollegen ebenfalls festgestellt, dass durch die Teilnahme an dieser Plattform neue Freundschaften entstanden sind (Parigi et al., 2013). In einer Folgestudie stellten die Forscher jedoch fest, dass das Potential für neue Beziehungen in der Plattform abgenommen hatte, besonders nahe Freundschaften haben seit der ersten Untersuchung im Jahr 2003 abgenommen (Parigi & State, 2014). In dem Maße wie die Beziehungen zwischen Anbietern und Gästen flüchtiger und weniger solide wurden, wurden auch die Gastgeber über die sozialen Aspekte desillusionierter.

Diese Ergebnisse werfen die Frage auf, ob die sozialen Vorteile von Sharing Plattformen weiter bestehen, wenn sie eines Tages nicht mehr so neu erscheinen und mehr zu einem normalen Bestandteil des Alltags werden. Es könnte sein, dass Nutzer in der Anfangsphase offener sind für soziale Beziehungen und dass, wenn mehr Menschen an den Plattformen aus wirtschaftlichen Gründen teilnehmen, die soziale Interaktion abnimmt. Der Trend zu abwesenden Eigentümern bei Airbnb, wie es auch bei unseren Studien-Teilnehmern vielfach der Fall war, spricht auch gegen die Stabilität dieses Faktors.

»

Die Food-Sharing Initiative Köln feiert 2012 den 2. Geburtstag. © Initiative Lebensmittel retten, Köln

THE DISRUPTION DILEMMA

von: JOSHUA GANS

THE
DISRUPTION
DILEMMA

JOSHUA GANS

MIT Press, 2016
ISBN: 9780262034487

"What is disruption? Why does it matter? What can and should companies do about it? With compelling case studies and clear logic, The Disruption Dilemma cuts through the confused debate on this overused term and the weak thinking that has dominated the field of innovation and offers business and analysts the tools to think ahead." **Luis Garicano**, London School of Economics

"Disruption" is a business buzzword that has gotten out of control. Today everything and everyone seem to be charaterized as disruptive—or, if they aren't disruptive yet, it's only a matter of time before they become so. In this book, Joshua Gans cuts through the chatter to focus on disruption in its initial use as a business term, identifying new ways to understand it and suggesting new tools to manage it.

Gans describes the full range of actions business leaders can take to deal with each type of disruption, from "self-disrupting" independent internal units to tightly integrated product development. But therein lies the disruption dilemma: A firm cannot practice both independence and integration at once. Gans shows business leaders how to choose their strategy so their firms can deal with disruption while continuing to innovate.

Ein kleinerer, aber dennoch signifikanter Anteil der Task-Rabbits führte ebenfalls soziale Beziehungen als wichtigen Bestandteil ihrer Erfahrungen an. Einige wiesen darauf hin, dass sie neue soziale Netzwerke gefunden hätten, auf die sie sich verlassen können, oder die Gelegenheit Menschen zu treffen, denen sie sonst nie begegnet wären und ihre Freude an den Beziehungen, die sie zu Menschen, für die sie Aufgaben erfüllten, entwickelten.

Für einige wenige ist das Bedürfnis mit Menschen zusammen zu kommen die wichtigste Motivation. Eine Studien-Teilnehmerin erklärte, dass es in ihrem Brotberuf wenig Möglichkeiten für sozialen Kontakt gäbe, daher schätze sie diesen Aspekt bei TaskRabbit. Anderen schien die Möglichkeit zu gefallen Menschen, die finanziell besser gestellt waren als sie selbst, zu treffen. Und für ein paar wenige ist Task-Rabbit ausschließlich eine soziale Angelegenheit. Aber es ist deutlich erkennbar, dass soziale Beziehungen bei TaskRabbit weit weniger wichtig sind als auf Airbnb. Die Teilnahme-Motive sind fast nie soziale. In unserer Folgestudie wurde Soziabilität fast nie als Erlebnisdimension genannt.

Auf RelayRides sind die sozialen Beziehungen am beschränktesten. Viele Autobesitzer mit denen wir gesprochen haben fanden schlüssellose Zugangssysteme, oder den Verzicht auf persönliche Übergabe bequem und hatten nicht das Bedürfnis, ihre Mieter auch zu treffen. Auch wenn es persönlichen Kontakt gab, fand er meist nur am Beginn der Vermietung statt. Obwohl unsere Interview-Partner einige wenige Beispiele von netten sozialen Kontakten anführen konnten, erschienen solche Fälle nicht als wichtiger Bestandteil der Erfahrungen auf der sozialen Plattform, was sich auch mit den Ergebnissen bei Fenton (Fenton, 2015) deckt. Relay Rides fördert transaktionsorientierte, unpersönliche, kurzfristige und schnelllebige Beziehungen. Die Autobesitzer schließen keine Freundschaften, sie gehen mit den Mietern nicht aus und führen keine ausgiebigen Gespräche mit ihnen.

Insgesamt lässt sich sagen, dass gesteigerte soziale Beziehungen keineswegs eine verlässliche Konsequenz der Sharing Economy sind. Bei einigen Teilnehmern fand nur minimale soziale Interaktion statt. Bei Airbnb gibt es Gastgeber, die kein Interesse an Interaktion, oder daran, ihre Gäste überhaupt zu treffen, haben. „Es geht nur ums Geld" meinten einige unserer Teilnehmer. Unter den 43 Gastgebern mit denen wir gesprochen haben, war die Mehrheit nicht sonderlich an sozialer Interaktion mit den Menschen, denen sie ihre Wohnräume überlassen, interessiert. Sie waren auf den Plattformen um Geld zu machen, nicht um Freunde zu finden. «

LITERATUR:

Fenton, A. (2015). It's borrowing not renting: Comparing peer-to-peer and traditional rental car markets to explore how ties to products shape economic exchanges. Unpublished manuscript.

Newton, C. (2013). Temping fate: Can TaskRabbit go from side gigs to real jobs? The Verge.

Parigi, P. et al. (2013). A Community of Strangers: The Dis-Embedding of Social Ties. PLoS ONE, 8(7).

Parigi, P., & **State**, B. (2014). Disenchanting the World: The Impact of Technology on Relationships. Social Informatics, 8851, 166–182.

Alex Stephany verliert keine Zeit. Im Alter von „thirthysomething" hat er bereits als CEO das Start-up „JustPark", mit über 5.7 Millionen Pfund von Investoren wie BMW und Index Ventures, zu einem globalen Player in der Sharing Economy gemacht und – so nebenbei – ein Buch darüber geschrieben. In seinem Werk über diese aufstrebende Branche nimmt er Leser mit auf eine atemberaubende Tour zu den Hotspots der Industrie: von erfolgshungrigen Tech-Unternehmern, über Risiko-Investoren mit Millionenbudgets, zu den Sharern, die sich keinen extra Cent entgehen lassen wollen.

SMART MONEY, HAUFENWEISE.
Der Treibstoff der Sharing Economy.

Der Autor stellt ein umfangreiches Puzzle zusammen, und jedes einzelne Teil davon schildert er in seiner faszinierenden Eigendynamik, indem er sie uns einerseits als Beteiligter und andererseits als Beobachter näher bringt. XING präsentiert zwei Teile aus Kapitel 4, „Investors". Im ersten Teil schildert Stephany, anerkannter Experte der Sharing Economy, Zusammenhänge, die wesentliche Wachstumstreiber in dieser Industrie sind: Billiges Geld und Renditeaussichten. Im zweiten Teil folgen wir ihm als CEO von JustPark, wenn der Autor lebende Legenden seiner Branche trifft.

Sharing: für Investoren so sexy wie Big Data, aber mit besserer PR.

TEXT: ALEX STEPHANY*

Sequoia Capital ist eine Silicon-Valley-Legende. Der Risikokapital-Fonds förderte den Aufstieg einstmals unbekannter Firmen wie Apple, Google, PayPal, WhatsApp u. a. m. Für Investoren wie Alfred Lin von Sequoia Capital, Angel-Investor in Unternehmen wie Uber und Airbnb, dessen kleinster persönlicher Erfolg laut TechCrunch ein 265 Millionen Dollar Ausstieg war, ist die Sharing Economy brandaktuell. Einerseits weil dabei vertrauenswürdige online Identitäten über Social Media entstehen und andererseits wegen der ständig wachsenden Smartphone Verwendung. Die Sharing Economy ist das Reizvollste, das der Online-Konsum zu bieten hat, genauso schick wie Big Data aber PR freundlicher. Es ist daher keine Überraschung, dass Sharing Economy Unternehmen großzügig finanziert werden. Die Alti-meter Group hat 2013 erhoben, dass über 2 Milliarden Dollar in den Top 200 Sharing Economy Unternehmen investiert waren. Wenn Sie diesen Text lesen werden es mehr als 4 Milliarden Dollar sein. An der Spitze liegen 100 Millionen Dollar bei BlaBlaCar, sowie 175 Millionen Dollar bei Quirky, ein online Händler für Crowd-Sourced Innovationen. Die Taxi-Plattformen Lyft und Uber haben 333 Millionen bzw. 1.5 Milliarden Dollar aufgestellt. So viel Geld heizt den Markt in dem sie konkurrieren an und sie können es sich leisten, Passagiere monatelang gratis Taxi fahren zu lassen. In Airbnb wurden 776 Millionen Dollar investiert. Zuletzt gab es eine gigantische Investition über 500 Millionen »

* Auszug aus: "The Business of Sharing. Making It in the New Sharing Economy" von Alex Stephany, Kapitel 4, S. 97 ff, mit freundlicher Genehmigung von Palgrve Macmillan, 2015

Taxifahrer protestieren gegen Uber in Portland, 2015 © Aaron Parecki

Investoren bewerteten Airbnb – die sechs Jahre alte Firma – in der Finanzierungsrunde im Jahr 2014 mehrere Milliarden Dollar höher als die InterContinental Hotelkette, die auf das Jahr 1777 zurück geht.

von der Private-Equity Gruppe TPG. Ohne Inflationsausgleich bringt Airbnb das über 16 Mal die Summen, auf die es Yahoo oder AOL bei ihrem Börsengang brachten.

Es ist aber nicht nur die Quantität an Kapital: Es ist auch die Qualität. Die Sharing Economy lockt die branchenführenden Risikokaptialgesellschaften. Sie investieren oft Seite an Seite in dieser inzestuösen Welt. Accel Partners ist an BlaBlaCar und Etsy beteiligt. Index Ventures hat in Funding Circle, JustPark, aber auch in BlaBlaCar und Etsy investiert. Union Square Ventures ist bei Kickstarter sowie Funding Circle und ebenfalls bei Etsy dabei. Anreessen Horowitz hat bei Lyft und Quirky investiert. Kleiner Perkins ist bei Quirky, Rent the Runway und Lending Club dabei – ebenso wie wiederum Union Square Ventures. Das „Smart Money" von Elite-Fonds hilft diesen Unternehmen auch nachfolgendes Kapital anzuziehen, und so können sich auch unprofitable Unternehmen jahrelang über Wasser halten. Nachdem Kleiner Perkins Amazon, den König des e-Commerce, finanziert hatte, ist die Gesellschaft nun bereit für die Möglichkeiten des „recommerce", indem die Waren, die bereits auf Seiten wie Chegg und Tradesy verkauft wurden, zu Geld gemacht werden. Nachdem Accel 10 Milliarden Dollar beim Börsegang von Facbook freigespielt hat, versucht die Firma nun erneut Kasse zu machen, vor allem durch Investitionen in Unternehmen wie BlaBlaCar, die auf den sozialen Netzwerken aufbauen. Risikokapitalgesellschaften müssen die größten Wellen reiten, das ist ihr Job. Sie scheinen sich darüber einig, dass die Sharing Economy eine solche ist.

DIE BILANZ DES LEBENS

Jeff Jordan ist heute Venture Kapitalist bei Andreessen Horowitz, davor war er Vizepräsident bei eBay und Präsident bei PayPal. Er ist einer der mächtigsten Akteure im Silicon Valley. Er hat zum Beispiel OpenTable, ein Online-Reservierungssystem für Restaurants, an die Börse gebracht, das heute 2.6 Milliarden Dollar wert ist. Er weiß alles über Geschäftsmodelle, die auf steigender Nutzung beruhen.

Sein Zugang zu Sharing Economy Investitionen ist der Blick auf „the balance sheet of people's lives". Was ihn also am meisten interessiert sind die werthaltigen Anlagen der Menschen, wie

Immobilien, Autos, oder Designermode, und deren ungenutzte Kapazitäten bedeuten den potenziellen Wert in der Sharing Economy. Unternehmen, die auf Entwicklungen in Bereichen setzen, die in diesem Balance Sheet oben angesiedelt sind – also hoher Wert und niedrige Auslastung, erschließen Geschäftsmöglichkeiten mit atemberaubenden Chancen. Im Bereich der Auslastung ungenutzter Immobilien beispielsweise bewerteten Investoren Airbnb, in der Finanzierungsrunde im Jahr 2014, die sechs Jahre alte Firma mehrere Milliarden Dollar höher als die InterContinental Hotelkette, die auf das Jahr 1777 zurück geht. Oder das Beispiel Autos: Der berühmte Risikokapitalanleger und Investor der Car-Sharing-Firma Getaround, Shervin Pishevar meint: „Die meisten Autos werden nur 8 % der Zeit genutzt. Das ist eine irrsinnige Verschwendung." Es gibt auch Geschäftsmöglichkeiten für den Verleih niedrigpreisiger Waren, wie etwa Rasenmäher, aber wahrscheinlich mit weniger fantastischen Gewinnaussichten, also keine für Risikokapitalgeber interessanten.

MARKTPLATZ MAGIE

Es gibt einen wesentlichen Grund warum viele Investoren Unternehmen der Sharing Economy mögen: Es sind Marktplätze. Der Nachteil dabei ist, dass der Aufbau von Marktplätzen nur sehr schwer gelingt, denn sie brauchen Angebot und Nachfrage in einem passenden Verhältnis. Der Vorteil ist, dass wenn sie funktionieren, dann funktionieren sie großartig. Da Käufer dort sein wollen wo die Verkäufer sind und vice versa stellen sich Netzwerkeffekte ein, wobei mit dem Wachstum der Wert des Ganzen steigt. Hat sich aber einmal ein Marktplatz in der Führungsposition in seinem Bereich etabliert, zieht er für die Konkurrenz uneinholbar davon während es den Massenmarkt zunehmend anzieht.

Investoren, die auf den zukünftigen Marktführer setzen, können mit immensen Gewinnen rechnen: Sie haben einen Teil eines riesigen Unternehmens mit hohen Margen. Peer-to-Peer-Marktplätze profitieren auch von der gegenseitigen Befruchtung der Käufer und Verkäufer. Genau wie Verkäufer bei eBay oft damit begonnen haben, etwas zu kaufen, so beginnen Airbnb-Gastgeber oft als Gäste. Die Airbnb-Gründer erzählen davon, wie New York Besucher aus Paris sehr oft selber Gastgeber geworden sind, sobald sie wieder zu Hause waren. Manchmal vermieten User ihr Zuhause während »

THE BUSINESS OF SHARING.

Making it in the New Sharing Economy

By ALEX STEPHANY

Hardcover: 226 pages, Publisher: Palgrave Macmillan; 2015, ISBN: 978-1-137-37617-6;

"The Business of Sharing is a great book about history being made today in the sharing economy. Alex Stephany puts together a thorough, insightful, thoughtful and entertaining account of what is transpiring today and what will undoubtedly be here to stay." Alfred Lin, Sequoia Capital

Why buy a hedge trimmer that you use twice a year? Why not borrow someone else's? Why leave your driveway empty all day while you're at work? Why not charge someone to park there while you're not using it? And if your business is selling hedge trimmers or parking – or anything else people can share – what do you do about it?

Already, the sharing economy or 'collaborative consumption' lets people earn over $15 billion a year by renting and selling what they own: from cars and homes to money and time. And that's almost nothing. According to PwC, the sharing economy will grow into a $335 billion market by 2025. TIME Magazine calls it "One of 10 Ideas that will Change the World." Pulitzer Prize-winner Thomas L Friedman calls it "The real deal". Today, fast-moving tech startups like Airbnb and Uber are disrupting huge sectors of the old economy, mobilising millions of micro-entrepreneurs in the process. As Silicon Valley investors pile cash into sharing economy startups, some of the world's

largest companies are watching their backs. How can the 20th century's corporate beasts not only survive but thrive in a new world of peer-to-peer commerce and sharing?

Written by one of the business leaders of the movement, The Business of Sharing is an insider's guide to the sharing economy: for anyone thinking of entering the sharing economy and profiting from the upheavals ahead. From the boardroom of Sequoia Capital to 10 Downing Street, Stephany meets the powerbrokers pulling the strings in this new economy. And he meets the ordinary people cashing out.

This critically acclaimed new book includes colorful original interviews with entrepreneurs like the founders of Airbnb and Zipcar and the world's top venture capitalists, plus case studies of major brands from around the world. The Business of Sharing is essential reading for anyone looking to get to grips with one of today's must-understand global trends.

---

sie bei anderen User Urlaub machen, so erzielt Airbnb für sie doppelt Einnahmen.

Peer-to-Peer-Marktplätze haben auch den Vorteil geringer Grenzkosten. Eine Firma, die materielle Güter anbietet, kann ihre Kosten durch Größenvorteile nur mäßig senken: Wenn Levi´s Tausend Jeans am Tag mehr verkauft kostet der Firma zwar jede einzelne Jeans weniger, allerdings nur bis zu einem gewissen Punkt. Neue User hingegen, können einem Online-Marktplatz zu fast Null-Grenzkosten hinzugefügt werden.

Klar, Etsy oder Airbnb zu werden ist leichter gesagt als getan. Es gibt heute zum Beispiel weltweit über 30 Peer-to-Peer Car-Sharing Unternehmen. Nur wenige werden es global in den Bereich der Marktführung bringen, vielleicht nur eines. Risikokapital ist dabei entscheidend, denn um ein dominanter Player am Markt zu werden bedarf es normalerweise einer riesigen Summe Kapital. „Eine Firma zu gründen ist heute kostengünstiger als es jemals war." erklärt Jeff Jordan, „Aber der Nachteil ist, dass jeder andere auch dazu in der Lage ist. Daher ist es wichtig schnell zu wachsen, und um schnell groß zu werden muss man Investoren finden." Nach nur drei Jahren als Risikokapitalgeber haben Jordans Unternehmen über eine Milliarde Dollar Kapital akquiriert. Denn so läuft das Spiel: Investoren unterstützen den vermuteten Marktführer. Ihr Geld hilft dem Unternehmen schneller zu wachsen, was ihm wiederum erlaubt, noch mehr Mittel zu

gewinnen, und so sein Wachstum weiter befeuert. Mit dem Unternehmenswachstum wächst auch die Menge an Geld, die es in jeder Finanzierungsrunde aufbringen kann, und damit der Konkurrenz davonzieht. Gleichzeitig fürchten sich Investoren davor mit einer Firma zu konkurrieren, deren Kriegskasse gut gefüllt ist. Sie betrachten einen Konkurrenten eher als Übernahmekandidat, nicht sein Ausscheiden aus dem Markt wird Milliarden Dollar Finanzierungen bringen.

Ein Sitz in den USA kann einem Unternehmen dabei nützen diesen Finanzkraft-Kreislauf in Gang zu bringen. Die verfügbare Kapitalmenge in den USA kann einer Firma in den USA dazu verhelfen eine bessere Kapitalausstattung zu lukrieren als eine äquivalente Firma in Europa. Im Jahr 2008 gründeten Stephen Rapoport und Dan Hill in London die Plattform Crashpadder, im gleichen Jahr wurde Airbnb gegründet. Crashpadder war ein Start-up, das mehr oder weniger das gleiche machte wie sein gefeierter Konkurrent in San Franzisco. Die Firma in London konnte kein Risikokapital aufstellen und erreichte nur einen Bruchteil der Größe von Airbnb, welche im Jahr 2012 Crashpadder aufkaufte. Aber selbst wenn Crashpadder eine bessere Finanzierung erreicht hätte, wäre es, aller Wahrscheinlichkeit nach, ein unfairer Kampf gewesen: Britische Messer gegen amerikanische Pistolen. Dieses Gefälle verringert sich schnell. Aber, verglichen mit Europa, bleibt die USA für kreditwürdige Gründer eine übersprudelnde Quelle für billiges Geld.

»

Folgen wir Alex Stephany zum gelobten Land der Tech Start-ups: Der Engländer geht nach Silicon Valley und versucht den Pitch seines Lebens bei Alfred Lin, Sequoia Capital.

The Pitch of My Life. All Bets Are On ...

TEXT: ALEX STEPHANY*

I was standing on hallowed ground. But I was determined not to wither in awe. I glanced quickly around the high-ceilinged lobby of Sequoia Capital, at the flat screen TVs and the framed logos of the once obscure companies that the venture capital fund has helped grow into giants: Apple, Cisco, Google, LinkedIn, Oracle, PayPal, WhatsApp, Yahoo, and—small by comparison but growing ever-faster—Airbnb. Those logos reminded me that Sequoia Capital is more than just Silicon Valley history, that its companies have shaped civilization as we know it. Every CEO in the world wants to meet with Sequoia Capital. I had an hour and I needed to give the pitch of my life.

I was dressed in a casual shirt and smart jeans. This was the Valley not Wall Street after all, a place where billionaires can wear t-shirts to work. Which is not to say I would recommend turning up late to pitch Sequoia Capital in pajamas. A young Mark Zuckerberg tried that. Instead of presenting on Facebook, he presented a spoof presentation about "Wirehog," one of his side projects. His PowerPoint presentation was called "The Top Ten Reasons You Should Not Invest." One of the reasons was, "We turned up late for your meeting." The prank was revenge on behalf of Facebook's then President Sean Parker, who had been ousted from his previous startup by Sequoia's powerful partner Michael Moritz, himself worth over $ 2 billion. The Sequoia partners sat in silence and took a pass on Zuckerberg. When you are Sequoia Capital, you can afford to miss a few extra billion. »

IMAGINED FUTURES,

Fictional Expectations and Capitalist Dynamics.

By JENS BECKERT

Hardcover: 384 pages, Publisher: Harvard University Press; 2016; ISBN: 9780674088825;

"Beckert's breathtaking, erudite new book illuminates what is distinctive about modern capitalism."
Frank Dobbin, Harvard University

In a capitalist system, consumers, investors, and corporations orient their activities toward a future that contains opportunities and risks. How actors assess uncertainty is a problem that economists have tried to solve through general equilibrium and rational expectations theory. Powerful as these analytical tools are, they underestimate the future's unknowability by assuming that markets, in the aggregate, correctly forecast what is to come.

Jens Beckert adds a new chapter to the theory of capitalism by demonstrating how fictional expectations drive modern economies—or throw them into crisis when the imagined futures fail to materialize. Collectively held images of how the future will unfold are critical because they free economic actors from paralyzing doubt, enabling them to commit resources and coordinate decisions even if those expectations prove inaccurate. Beckert distinguishes fictional expectations from performativity theory, which holds that predictions tend to become self-fulfilling prophecies. Economic forecasts are important not because they produce the futures they envision but because they create the expectations that generate economic activity in the first place. Actors pursue money, investments, innovations, and consumption only if they believe the objects obtained through market exchanges will retain value. We accept money because we believe in its future purchasing power. We accept the risk of capital investments and innovation because we expect profit. And we purchase consumer goods based on dreams of satisfaction.

As Imagined Futures shows, those who ignore the role of real uncertainty and fictional expectations in market dynamics misunderstand the nature of capitalism.

SCIENCE, THE STATE AND THE CITY:

Britain's Struggle to Succeed in Biotechnology.

By GEOFFREY OWEN & MICHAEL M. HOPKINS

A Financial Times Bestseller
Hardcover: 272 pages, Publisher: OUP Oxford; 2016, ISBN-10: 019872800X

"It is remarkable just how little realistic auditing there has been of the success or otherwise of British innovation policy over the past 40 years. This book offers the richest analysis we have of British research policy for any particular area, indeed the one in which the most hope was invested." David Edgerton, **The Financial Times**

The most important application of biotechnology has been in medicine, in the development of new drugs. The central purpose of the book is to explain how firms based in the US took the lead in commercialising the technology, and why it has been so difficult for firms in other countries to match what the leading American companies have achieved. The book looks at the institutions and policies which have underpinned US success in biotechnology. This is the US innovation "ecosystem" and it is made up of several interlocking elements which constitute a powerful competitive advantage for US biotechnology firms. These include, a higher education system which has close links with industry, massive support from the Federal government for biomedical research, and a financial system which is well equipped to support young entrepreneurial firms in a science-based industry.

The book shows how the UK made a promising start in the 1980s and 1990s but failed to build on it. Several leading firms failed, and after an initial burst of enthusiasm investors lost confidence in the British biotech sector. It is only the last few years that the sector has staged a revival, attracting fresh investment from the US as well from the UK.

The story told in this book, based on extensive interviews with industry participants, investors, and policy makers in the UK, Continental Europe, and the US, sheds new light on one of the central issues facing governments in the advanced industrial countries - how to create and sustain new science-based industries..

The firms headquartered behind the trees on this one road in Menlo Park, Silicon Valley manage over $ 100 billion of venture capital.

Beside me was Mark Platshon, an advisor to one of our early investors, BMW. Mark is a big man with a kind smile whose words come out slow and deep, Solomon-like on discussion points in board meetings. I call him Big Wise Bear. He had picked me up from the Caltrain station in his vintage Porsche and driven me to the Sequoia offices on Sand Hill Road, a wide, nondescript highway running down one side of Stanford University's sprawling campus. But Sand Hill Road is no ordinary road. It has the greatest concentration of venture capital on the planet. Nowhere else even comes close. The firms headquartered behind the trees on this one road in Menlo Valley manage over $100 billion of venture capital.

If Sand Hill Road is the center of venture capital, then one address is the center of the center: 3000 Sand Hill Road. Down an avenue fringed with immaculate shrubbery is a complex of understated low-rise buildings that looks more like a posh high school than the office of some of the world's most successful capitalists. No one here wants to be the center of attention. The firms and their partners are listed in discreet letters on noticeboards by the entrance to each building. The only show was in the parking lot: glistening Teslas lined up beneath maple trees turning red. And if 3000 Sand Hill Road is the center of the center, then the office of the legendary Sequoia Capital is the center of the center of the center.

"Good morning," said the receptionist.

"Morning," I said. "I'm here to see Alfred."

I had a 9:30 appointment with Alfred Lin, one of the most respected venture capitalists in the Valley. Before turning to what entrepreneurs jokingly call "the dark side" of venture capital, Lin was Chief Operating Officer of shoe e-tailer Zappos, which was acquired by Amazon for $1.2 billion. Lin is perso-

nally an angel investor in Uber, San Francisco's sexiest consumer startup. He sits on the Board of its second sexiest: Airbnb. The night before, I had lay on my bed in Cara's Airbnb, Googling him and watching YouTube videos. TechCrunch, the racy Financial Times of the tech world, noted that Lin's smallest personal success has been a $265 million exit. It seemed like everyone in tech wanted a bit of Alfred Lin. I fought back the nerves. Perhaps Lin would want a bit of JustPark.

"Will you be projecting?" asked the receptionist.

My stomach was doing somersaults; I couldn't rule it out.

"Yes," I said. "Do you have an adapter for a MacBook Air?"

"I believe so," replied the receptionist without a trace of irony as she slid open a drawer containing around 20 Apple adapters stacked in neat rows.

She led us down a corridor past countless rows of tombstones, not of entrepreneurs humiliated to death in past pitches, but the framed front pages of the prospectuses of Sequoia's big initial public offerings (IPOs). My eyes skated over the names of the investment banks underwriting them—JP Morgan, Goldman Sachs, Merrill Lynch—and dollar amounts with so many zeros that they stretched across half the page. We followed the receptionist into an enormous boardroom and she connected my laptop to the projector. The image covered an entire wall. I had paid to watch smaller screens in movie theatres.

"May I fetch you a drink?" she said.

I asked for a green tea. Big Wise Bear asked for a Coke. God bless America. «

Elsie und Emma eröffnen ihren "Oui Fresh" Sharing-Point, Mai 2016, Palm Springs © Sarah Rodes

Beyond the public relations efforts of platforms like Uber and Airbnb, there may be deeper reasons why the term "sharing economy" is so popular: It captures some of the thinking and the idealism of the early proponents of economy-wide sharing approaches. It hints at the shift away from faceless, 20th-century capitalism and toward exchange that is somehow more connected, more embedded in community, more reflective of a shared purpose.

THE SOCIAL TRANSFORMATION OF 20TH-CENTURY CAPITALISM.

Will The Reintegration of Gift Economies Change Our Economic Culture?

TEXT: ARUN SUNDARARAJAN *

WHAT IS THE SHARING ECONOMY?

Before I delve into the intellectual precursors to today's sharing economy, I'd like to consider the definitions implicit in an influential book that has appeared concurrent with the mainstream emergence of the sharing economy—Rachel Botsman and Roo Rogers's *What's Mine Is Yours: The Rise of Collaborative Consumption* (2010) as well at the ideas in Alex Stephany's more recent book, *The Business of Sharing* (2015). Botsman and Rogers attempt in their book to lay out what they consider a broad shift in consumption from the 20th century to the 21st.

The authors maintain that the 20th century was defined by "hyper consumption," whereas the 21st century stands to become the century of "collaborative consumption." Access in hyper consumption is defined by credit, whereas access in collaborative consumption is driven by reputation; choice in hyper consumption is defined by advertising, whereas choice in collaborative consumption is driven by community. Hyper consumption is defined by ownership, collaborative consumption by shared access. As they observe:

"The Collaboration at the heart of Collaborative Consumption may be local and face-to-face, or it may use

* Auszug aus: "The Sharing Economy. The End of Employment and the Rise of Crowd-Based Capitalism" von Arun Sundararajan, Chapter 1, pp 26, mit freundlicher Genehmigung von MIT Press, London, 2016

the Internet to connect, combine, form groups, and find something or someone to create 'many-to-many' peer-to-peer interactions. Simply put, people are sharing again with their community—be it an office, a neighborhood, an apartment building, a school, or a Facebook network." [1]

Botsman and Rogers define collaborative consumption, their preferred term, in accordance with a set of principles that include critical mass, idling capacity (the untapped value of unused or underused assets), belief in the commons, and trust in strangers. Botsman has since expanded on these ideas in numerous talks around the world.

The ideas and predictions of Botsman formed an integral part of my own original conception of crowd-based capitalism in 2011. My thinking has been influenced significantly by reading their books and engaging in many conversations with each of them. I also spoke frequently to Alex Stephany as he was writing his 2015 book, which benefits significantly from him being not just a thinker, but an active entrepreneur in the business he writes about: he is the founder of JustPark, a peer-to-peer marketplace that matches people who have empty parking spaces with those looking for a place to park. (One might imagine this as having being described at some point as the "Airbnb of parking spaces.")

»

Eröffnung im Januar 2017

KLINGT ZU SCHÖN, UM WAHR ZU SEIN

Ab sofort beste Plätze sichern.

www.elbphilharmonie.de

ELBPHILHARMONIE
HAMBURG

Simply put, I believe that some of the shifts we will see in capitalist exchange over the coming years will reflect a reintegration of gift economies into a system that has become inefficiently impersonal and commercial.

Early in his book, Stephany, with a nod to the influence of the "geeky school" that sent him to the dictionary for answers to his questions, provides a short definition of the sharing economy: "The sharing economy is the value in taking underutilized assets and making them accessible online to a community, leading to a reduced need for ownership of those assets." [2]

What I defined as the sharing economy (or as crowd-based capitalism) emerged at scale around 2010. Different conceptions of a "sharing economy," however, predate the point at which the conditions were finally in place for it to expand beyond niche markets. It is useful to step back here and consider the perspectives of several earlier thinkers on the sharing economy, exploring in the process some of the sharing economy's historical precedents, and its connection to even earlier thought on the gift economies that human societies have relied on for centuries.

I believe we are witnessing new "hybrids" (to use Lawrence Lessig's term in his 2008 book *Remix: Making Art and Commerce Thrive in the Hybrid Economy* [3]) in which, rather than being preserved, the distinction between the two economies – commercial and sharing – will get increasingly blurred. Some hybrids that may take the form of commerce leading sharing, like Airbnb, or a form where commerce is leveraged but sharing is the real objective (for example, the time banking platform TimeRepublik where time rather than money is exchanged [4]).

IS THE SHARING ECONOMY A GIFT ECONOMY?

Beyond the public relations efforts of platforms like Uber and Airbnb, there may be deeper reasons why the term "sharing economy" is so popular: It captures some of the thinking and the idealism of the early proponents of economy-wide sharing approaches. It hints at the shift away from faceless, impersonal 20th-century capitalism and toward exchange that is somehow more connected, more embedded in community, more reflective of a shared purpose.

In this section I dwell at some length on one central point—the social versus the commercial as a facilitator of

exchange. Yes, it is a unifying theme among prior thinkers. But its manifestation is quite different across these different authors. For Botsman and Stephany the role of social cues is contained largely in the creation of trust, reputation, or "digital community" that facilitates economic exchange.

For Lessig, the social versus the nonsocial drivers are precisely what draws the line between sharing economies and commercial economies. In many ways, in their thinking about the integration of social aspects into economic exchange and activity Lessig points frequently to the "gift economies" that have existed for centuries. This is a critical connection. There are numerous parallels between the behaviors I see emerging in the modern sharing economy and what we have observed in these gift economies of the past. Simply put, I believe that some of the shifts we will see in capitalist exchange over the coming years will reflect a reintegration of gift economies into a system that has become inefficiently impersonal and commercial.

A first critical link—between gifts and the creation of community—is made early in Lewis Hyde's remarkable 1983 book, *The Gift: Creativity and the Artist in the Modern World*: "To begin with, unlike the sale of a commodity, the giving of a gift tends to establish a relationship between the parties involved. Furthermore, when gifts circulate within a group, their commerce leaves a series of interconnected relationships in its wake, and a kind of decentralized cohesiveness emerges." [5]

A second important aspect of gift economies is that there is no expectation of bilateral reciprocity. A barter economy is not a gift economy. Using examples ranging from the ceremonial exchange of the Massim of the South Sea Islands (the Kula ring) to Scottish folk tales, Hyde explains how gift "circles" allow for the sustained flow of social value between people while avoiding the commercial nature and expectations induced by bilateral gift exchange. [6]

What does this flow of gift objects from person to person lead to? Hyde says that gift circles "give increase." Put differently, since the purpose of gift exchange is to facilitate the flow of "social value," a gift that is kept does not serve any purpose. One that is "paid forward" does.

»

"Munchery", eines jener "Hybride" zwischen kommunitarisischen und kapitalistischen Akteuren, bietet seinen Kunden in Berkeley Essen mit dem Mehrwert "Be Happy: We´re Gluten Free!" und seinen Zustellern überdurchschnittliche Stundenlöhne. © Munchery

THE SHARING ECONOMY
The End of Employment and the Rise of Crowd-Based Capitalism

von: ARUN SUNDARARAJAN

MIT Press, 2016, 256 pages;
hardcover, ISBN 9780262034579

"Information technology is disrupting a host of industries including transportation, hotels, banks, and marketplaces. The very nature of work is changing. Sundararajan offers an insightful guide to the forces shaping our economy today — and tomorrow."

Hal Varian, Chief Economist, Google

In this book, Arun Sundararajan, an expert on the sharing economy, explains the transition to what he describes as "crowd-based capitalism" — a new way of organizing economic activity that may supplant the traditional corporate-centered model. As peer-to-peer commercial exchange blurs the lines between the personal and the professional, how will the economy, government regulation, what it means to have a job, and our social fabric be affected?

Drawing on extensive research and numerous real-world examples—including Airbnb, Lyft, Uber, Etsy, and India's Ola, Sundararajan explains the basics of crowd-based capitalism. He describes the intriguing mix of "gift" and "market" in its transactions. Sundararajan highlights the important policy choices and suggests possible new directions for self-regulatory organizations, labor law, and funding our social safety net.

In other words, in a gift economy, while someone may owe something, it neither has a specific value nor is there, in some cases, an expectation that the debt will even be repaid to the giver. The radical reciprocity of gift economies also sometimes allows for the possibility of debts being repaid to anyone in the community—much like the "gift" of a usergenerated review on a site like Amazon or a peer-to-peer marketplace like Airbnb.

Finally, the tension highlighted by Hyde from the parallel prevalence of gift economies and market economies seems oddly prescient of the "purpose versus profit discussion". [...]

THE SHARING ECONOMY SPANS THE MARKET-TO-GIFT SPECTRUM

Hyde draws the examples in his book primarily from anthropological studies of small economies, he says, "not ... because gifts are a primitive or aboriginal form of property—they aren't—but because gift exchange tends to be an economy of small groups, of extended families, small villages, close-knit communities, brotherhoods and, of course, of tribes." [7]

Today's sharing economy is scaling behaviors and forms of exchange that used to be among such "close-knit communities" to a broader, loosely knit digital community of semi-anonymous peers. In asking whether we should expect the natural integration into the sharing economy of the "gift" motivations and practices that characterized the economies of these smaller communities, I have found that is useful to view the new economic activity as existing on a continuum between gift economies and market economies, with some cases at both ends of the spectrum, and many more in between.[...]

THE SHARING ECONOMY AND HUMAN CONNECTEDNESS

There are numerous other sectors in which one sees platforms that span the market-to-gift continuum. Yerdle and Listia are platforms for exchanging owned assets (using virtual currencies), and represent an interesting middle ground between market and gift economies when considering substitutes for buying from a retailer—Rent the Runway and StyleLend being on the market extreme, and numerous clothing swaps on the gift extreme. Uber is very much a market economy, as is Getaround (although environmental concerns might lead one to use these as substitutes for auto ownership); BlaBlaCar and Lyft have some gift economy aspects to them, as does Bandwagon, a platform for sharing yellow cabs in New York, and Hitch, a carpooling network acquired by Lyft in 2015.

Natalie Foster, the founder of the (then) sharing economy collective action platform Peers.org, quotes a Peers member named Justin, a rideshare driver in Los Angeles, who calls the ride-sharing experience a positive force in his life: "Often times because of how we run so close in our circles, we sometimes shut ourselves off from interactions with new people. Ride sharing has allowed me to interact with people whom I would never have met." [8]

The sharing economy is thus diverse not just in its industries, services and business models, but on the market- »

DONOSTIA / SAN SEBASTIÁN 2016
EUROPEAN CAPITAL OF CULTURE

to-gift spectrum as well. It is neither the exclusive domain of altruistic givers nor full-steam-ahead capitalists.

Of course, this diversity may also explain the sharing economy's popularity and future potential. The sharing economy, although not politically neutral, is creating a new economic model—an interesting middle ground between capitalism and socialism—that also appears to lend itself to the fulfilling the desires and needs of people who identify with the extreme ends of both the economic and political spectrums. More importantly, it has developed as an economic model that appears to lend itself to fulfilling the desires and needs of people who identify with neither of those extremes.

In 2013, I joined a newly formed NYU (New York University) collective, the Project for the Advancement of our Common Humanity (PACH), founded by the NYU professors Niobe Way, Carol Gilligan, and Pedro Nguera. PACH was formed to better understand "what lies at the root of our crisis of connection and what we can do to create a more just and humane world." 9 A number of the world's problems, ranging from violence to educational outcomes have been shown to stem from an insufficient level of human connectedness. I joined PACH to try and understand whether digital technologies were a part of the solution, or part of the problem.

My ongoing exposure to the sharing economy has made me wonder if we are reversing a now-familiar narrative about the isolating effects of digital technologies. MIT sociologist Sherry Turkle, the leading scholar on the topic, explains in her 2011 book Alone Together that "digital connections and the sociable robot may offer the illusion of companionship without the demands of friendship. Our networked life allows us to hide from each other, even as we are tethered to each other." 10

However, this is a familiar narrative. In 1953, Robert Nisbet lamented that while he was not sure if it was the "presence of the machine and its iron discipline that creates, as so many argue in our day, the conditions of depersonalization and alienation in modern mass culture, the fact is plain that the contemporary sense of anxiety and insecurity is associated with not merely an unparalleled mechanical control of environment." 11

Nisbet further quotes the 19th-century classic, Suicide , in which Emile Durkheim worried that the forces of technological progress have "successively destroyed all the established social contexts; one after another they have been banished either by the slow usury of time or by violent revolution."

Could it be that we are at an inflection point in the social impact of digital technologies, from which a more connected society will emerge through Airbnb and Couchsurfing stays, Lyft carpools that take us away from driving alone to commuting together, VizEat social dining instead of TV dinners, and La Ruche Qui Dit Oui gatherings rather than solitary shopping carts? Or will we be increasing isolated as our Alfred butlers, Instacart shoppers, and Munchery deliveries fulfill our basic needs behind the closed doors of our high-rise apartments?

Scott Heifermann, the CEO of Meetup, a social platform whose headquarters are around the corner from my NYU office, constantly emphasizes to me that Meetup provides a purpose-driven rather than a social service, with millions of people coming together in small groups to learn or discuss a shared interest, and finding community as a by-product. Perhaps they are the 21st-century digital equivalent of a highly personalized Rotary Club, reconstructing fragmented communities around shared interests.

Or maybe the blurring of lines between the commercial and the gift in tomorrow's sharing economy will organically weave greater levels of connectedness into our everyday economic activities—finding a place to stay, driving to work, getting a meal, buying groceries—and create new social contexts to replace the ones Durkheim lamented we lost through the Industrial Revolution. Perhaps, over time, this will be the true gift of the sharing economy.   «

NOTES:

1 Rachel Botsman and Roo Rogers, What's Mine Is Yours: The Rise of Collaborative Consumption (New York: HarperCollins), xv.

2 Alex Stephany, The Business of Sharing: Making It in the New Sharing Economy (London: Palgrave Macmillan, 2015), 9.

3 Lawrence Lessig, Remix: Making Art and Commerce Thrive in the Hybrid Economy (New York: Penguin, 2009), 145. Remix is also available at Creative Commons, http://www.scribd.com/doc/47089238/Remix .

4 There is a range of different social goals for time banking, which may include developing new businesses, providing social services, sharing expertise, providing alternative forms of juvenile justice, and providing disaster relief. For a useful overview, see Edgar S. Cahn and Christine Gray, "The Time Bank Solution," Stanford Social Innovation Review , http://www.ssireview.org/articles/entry/the_time_bank_solution .

5 Lewis Hyde, The Gift: Creativity and the Artist in the Modern World , 25th anniversary edition (New York: Vintage, 1983), xx.

6 Hyde describes how anthropologist Bronislaw Malinowski spent several years living on these islands during World War I, eventually mapping out how the circles associated with the fl ow of armshells and necklaces across people spanned many adjoining islands.

7 Hyde, The Gift , xxi–xxii.

8 Natalie Foster, "It's Time for CPUC to OK Ride Shares," SFGate , September 13, 2013, http://www.sfgate.com/opinion/openforum/article/It-s-time-for-CPUC-to-OK-ride-shares-4825997.php .

9 http://steinhardt.nyu.edu/pach/ .

10 Sherry Turkle, Alone Together: Why We Expect More from Technology and Less from Each Other (New York: Basic Books, 2011).

11 Robert Nisbet, The Quest for Community: A Study in the Ethics of Order and Freedom (Wilmington, DE: Intercollegiate Studies Institute, 2010), 21.

Kleidung tauschen in einer Turnhalle in Toronto, 2011© MAGNUS MANSKE

Es hört sich unglaublich an, aber plötzlich soll das Richtige tun auch cool sein! Mit grünem Gewissen den Alltag bewältigen hörte sich bisher mühselig und langweilig an, nach einem Leben, das man einsam führt, weil sich kaum jemand zweites findet, der oder die das erträgt. Das soll jetzt vorbei sein? Und auch noch „Happy" machen?

MEINS IST DEINS – DEINS IST MEINS.
Über einen nicht unwesentlichen Vorzeichenwechsel.

TEXT: XING MAGAZIN REDAKTION

Rachel Botsman und Roo Rogers veröffentlichten 2010 ihr vielbeachtetes Werk „What´s Mine Is Yours" in dem die Autoren die Prinzipien der Sharing Economy aufzeigen: Teilen statt besitzen, kollaborativer Konsum, Ressourcen effizienter nutzen und dabei umweltfreundliche Verhaltensweisen fördern, und – nicht zuletzt: Teil einer coolen Community sein. Dass sie als ikonisches Fallbeispiel dazu gerade einen Waschsalon ausgesucht haben, der sich „Brainwash" nennt, tut aber nichts zur Sache.

Tom Slee untersucht in seinem Buch dieses freundliche Gesicht der Sharing Economy, die eine neue, scheinbar soziale und umweltschonende Phase des Kapitalismus einläutet, in der alle Beteiligten profitieren. Mit „Nachbarn helfen Nachbarn", oder „Fremde vertrauen Fremden" zitiert er die große Erzählung der neuen Sharing-Welt in seinem Buch, und schnell wird klar, dass auch diese den alt-bekannten marktwirtschaftlichen Gesetzen folgt.

Das Fallbeispiel „Brainwash" führt dabei die Bruchstellen der Pro- und Kontra-Lager der Sharing Economy vor Augen. Botsman/Rogers meinen, dass kollaborativer Konsum seine Vorteile für die Beteiligten am Besten ohne regulatorische Eingriffe entwickelt. Slee andererseits meint, dass Uber und Co von ungerechtfertigte Wettbewerbsvorteilen profitieren.

Im Folgenden können Sie in diese, für die jeweiligen Sichtweisen hervorragenden Darstellungen dieser viel-diskutierten neuen Tauschwirtschaft schnuppern und selber entscheiden: Sharing Economy – Coolish oder Foolish?

by RACHEL BOTSMAN&
ROO ROGERS

Harper Collins, 2010,
304 pages;
ISBN 978-0061963544;

WHAT'S MINE IS YOURS
The Rise of Collaborative Consumption

"People are normally trustworthy and generous, and the Internet brings the good out far more than the bad. We're seeing an explosion of modest businesses where people help each other out via the Net, and What's Mine is Yours tells you what's going on, and inspires more of the same."

Craig Newmark, founder of craigslist

Business consultant Botsman and entrepreneur Rogers track the rise of a fascinating new consumer behavior they call "collaborative consumption." Driven by growing dissatisfaction with their role as robotic consumers manipulated by marketing, people are turning more and more to models of consumption that emphasize usefulness over ownership, community over selfishness, and sustainability over novelty. A number of new businesses have emerged to serve this new market, exploiting the ability of the Internet to create networks of shared interests and trust and to simplify the logistics of collective use. Businesses such as bike-sharing service BIXI; toy library BabyPlays; solar power service SolarCity; and the Clothing Exchange, a clothing swap service, help users enjoy products or services without the expense, maintenance hassle, and social isolation of individual ownership. Part cultural critique and part practical guide to the fledgling collaborative consumption market, the book provides a wealth of information for consumers looking to redefine their relationships with both the things they use and the communities they live in.

"The world invites you to dinner" ist das Motto von VizEat, einer Sharing-Plattform in der man sich bei Fremden zum Abendessen anmelden kann © VizEat, Barcelona, 2015

Die ideologische Debatte zwischen den Anhängern des Konzepts der Produktionsmaximierung, die aus dem ökonomischen Eigeninteresse der Menschen resultiert, und denen, die meinen dass Eigeninteresse kollektiven Gütern und Gleichberechtigung schadet, hat den Wirtschafts- und Philosophie-Diskurs über Jahrhunderte dominiert. Aber während debattiert wurde folgte die Welt unbeirrt einem selbst-destruktiven Wachstumspfad.

What's mine is yours: Die klassische Konsum-Denkweise verändert sich.

TEXT: RACHEL BOTSMAN & ROO ROGERS *

Durch einen Nebel aus Angst tauchte währenddessen der kollaborative Konsum mit einem einfachem Angebot auf. Er erfüllt alle Konsumentenbedürfnisse genauso wie das alte Modell des Massenkonsums, aber er spricht auch einige unserer größten wirtschaftlichen und ökologischen Sorgen an. Selbstverständlich ist es schwierig die komplexen ökologischen Auswirkungen zu prüfen und prognostizieren, aber kollaborativer Konsum reduziert die Menge an neuen Produkten und Rohmaterial, die verbraucht werden und verändert die Denkweise der Konsumenten.

Als Jonathon Porritt von 1978 bis 1984 Vorsitzender der Ökopartei in Großbritannien war, fochten er und seine Parteikollegen die "Great Washing Machine Debate" aus. Porritt, ein Vordenker der britischen Umweltschutzbewegung, wird heute vielfach als Berater engagiert, etwa bei Marks & Spencer oder Prinz Charles. In den 1980ern, als er noch in der Ökopartei aktiv war, die sich später in „Green Party" umbenannte, wurde er mit dem Problem konfrontiert, was mit einem dem ersten Massendienstleistungsservice geschehen sollte: den Waschsalons. Damals gingen massenweise Menschen in Einkaufszentren und kauften Waschmaschinen, entweder ihre erste oder ein besseres Modell. Das führte zu einer, wie es Porritt nannte, atemberaubenden Zunahme an Waschmaschinen in privatem Besitz. Zwischen 1964 und 1992 stieg der Anteil an Haushalten mit eigener Waschmaschine in Großbritannien von 53 auf 88 Prozent. Im gleichen Zeitraum haben 50 Prozent der Waschsalons ihren Betrieb eingestellt. Da eine Haushaltswaschmaschine nur vier bis fünf Mal pro Woche benutzt wird, sie im Haushalt mindestens 21,7 Prozent des Wassers verbraucht und jedes Jahr zwei Millionen gebrauchte Waschmaschinen entsorgt werden, wa-

ren Porritt und seine Parteikollegen besorgt. Der Trend zur Self-Service-Gesellschaft und weg von kollektiven Dienstleistungen hat nämlich ernste Auswirkungen auf die Umwelt.

Die Ökopartei überlegte zwei Möglichkeiten: staatliche Besteuerung und Anreize einfordern, oder eine eindringliche Kampagne starten, um die Denkweise der Konsumenten zu beeinflussen und sie zum Benützen der Waschsalons zu bringen. Keine der beiden Optionen schien attraktiv. Die Regierung war langsam und besessen von Wirtschaftswachstum, Nachhaltigkeit stand nicht auf ihrer Agenda. Und eine starke Anti-Waschmaschinen-Kampagne würde nur die Konsumenten verprellen. Wenn man übermäßig verordnend auftritt wird man selber sein größter Feind und nötigt Menschen zu defensiven und negativem Verhalten, meinte Porrit.

Die "Great Washing Machine Debate" war nur ein Beispiel aus einer größeren Auseinandersetzung innerhalb der Umweltbewegung. Wie soll man Menschen ansprechen und zu nachhaltigem Verhalten bewegen ohne negativ oder dogmatisch zu sein? Porritt glaubt, dass dieses Problem heute immer noch enorme Bedeutung für die Umweltbewegung hat, die zwar die Wirkungslosigkeit von moralischem Druck erkennt, der es aber schwer fällt, geeignete Alternativen dazu zu finden und Menschen zu nachhaltigen Entscheidungen zu bewegen.

Zwanzig Jahre später gibt es eine andere Antwort auf die "Great Washing Machine Debate" und den Konflikt zwischen verlockenden Eigeninteressen und soziale Güter gewährleisten. Sie existiert etwa in der Folsom Street 122, in San Franzisco. Brainwash ist ein Waschsalon, der 1999 von Jeffrey Zalles gegründet worden ist. Zalles gibt zu, dass „grün" sein nicht sein wichtigstes Interesse war. Er hat sich Gedanken darüber gemacht, wie man einen Waschsalon cool macht. Brainwash lockt seine Kunden mit Zusatzangeboten »

* Text aus *Rachel Botsman, Roo Rogers:* What's Mine Is Yours. The Rise of Collaborative Consumption; aus dem Englischen von XING Magazin Redaktion; mit freundlicher Genehmigung vom Verlag Harper Collins;

„La Ruche Qui Dit Oui!" ist die Sharing-Variante von lokalen Bauernmärkten, wobei sich die Beteiligten aber privat zu Hause treffen © Mifa Bouzon

Statt Konsumenten zu zwingen auf persönlichen Komfort zu verzichten, um das Richtige zu tun, macht Jeff das Richtige attraktiver. Indem er Motivatoren variiert und das Konsumerlebnis betont, und nicht verordnend ein Gefühl der Verpflichtung, erreicht Brainwash „grüne" Ziele mit kaum wahrnehmbaren politischen Aktivismus.

wie Café, Happy Hours, live Musik, Abende mit Stand-up Comedy, Flipperautomaten, gratis Internet und sogar einem Platz, wo man seine Hausaufgaben erledigen kann. Der Innenraum des Waschsalons ist hell und modern mit flippigen Bildern an den Wänden, man kann sowohl drinnen als auch draußen sitzen, Musik hören und mit der freundlichen, hilfsbereiten Bedienung bietet der Waschsalon ein anderes Erlebnis, als es mit den dunklen, schmuddeligen Waschsalons vergangener Tage assoziiert wird.

Brainwashs Erfolg basiert zu einem Großteil auf einer einfachen Erkenntnis: Konsumenten brauchen etwas zu tun während sie darauf warten, dass ihre Wäsche fertig wird. Und es sollte etwas besseres sein, als das, was sie zu Hause tun würden. Das ist der Grund warum der Gemeinschaftssinn, den Zalles durch Kulturevents und Veranstaltungen aufgebaut hat, so klug und ebenso entscheidend ist. „Jeder der hier her kommt, könnte sich eine eigene Waschmaschine leisten ... aber wo bleibt da der Spaß!" sagt Zalles. Tatsächlich ist die Nachfrage bei Brainwash so sensationell, dass er weitere Filialen eröffnen will.

Die Grundidee von Brainwash ist einfach, aber der Einfluss auf das Verhalten ist signifikant. Und Brainwash erreicht dabei scheinbar gegensätzliche Ergebnisse: Saubere Kleidung, Spaß, Freundschaft, Leistbarkeit und ökologische Verantwortung. Statt Konsumenten zu zwingen auf persönlichen Komfort zu verzichten, um das Richtige zu tun, macht Jeff das Richtige attraktiver. Indem er Motivatoren variiert und das Konsumerlebnis betont, und nicht verordnend ein Gefühl der Verpflichtung, erreicht Brainwash Porrits Ziele mit kaum wahrnehmbaren politischen Aktivismus. Brainwash identifiziert sich auch kaum mit seinem Zweck. Gibt es Brainwash, um eine günstige Alternative zum Kleider waschen anzubieten? Ist es ein cooles Café und Kultur-Club, wo man Gleichgesinnte trifft und seine Zeit verbringt? Oder ist es ein kraftvolles grünes Statement? Die Antwort ist selbstverständlich, dass all das zusammen Brainwash ist.

Der wesentliche Unterschied zwischen Brainwashs Zugang und der "Great Washing Machine Debate" ist, dass anstatt Konsumenten zu verändern, das System selbst verändert wur-

de, und Bedürfnisse und Wünsche in einer nachhaltigeren und ansprechenderen Weise aufnimmt, mit wenig Aufwand für den Einzelnen. Insofern erreicht der kollaborative Konsum, dass der berechtigte, vorteilsmaximierende Konsument, der diesen exzellenten Service genießt, nicht einmal merkt, dass er etwas anders oder „gut" macht. Indem kollaborativer Konsum einen indirekten, offenen Ansatz wählt, ermöglicht er Konsumenten Stereotype von Kollektivismus oder Umweltbewusstsein zu überwinden und einfach das zu tun, was für sie am besten funktioniert. Es passt so intuitiv in unsere Grundbedürfnisse, dass Konsumenten oft zufällig dazu kommen. Man könnte argumentieren, dass es keine Rolle spielt, ob das System zu einer Veränderung der Denkweise führt, solange es unser Konsumverhalten positiv verändert – weniger Produkte, effizienterer Gebrauch, weniger verbrauchtes Material, weniger Müll und mehr soziales Kapital.

Es gibt viele Motivationen, die Sharing – also kollaborativer Konsum – adressiert: reduzierte Kosten, Menschen treffen, Bequemlichkeit, soziales und Umweltbewusstsein. Die Tatsache, dass es neue Konsumenten aus Eigeninteresse, also auch wegen des Geldes motiviert, und dass es dieses in positive soziale und ökologische Auswirkungen transformiert, sollte nicht von den umfassenderen Auswirkungen auf das Konsumverhalten ablenken.

Wenn Menschen durch eine bestimmte Tür zu kollaborativem Konsum kommen – Kleidungstauschmarkt, Car-Sharing, oder einen Waschsalon – werden sie aufmerksamer für andere Arten kollektiver oder gemeinschaftlicher Lösungen. Über die Zeit erzeugen diese Erfahrungen eine große Veränderung in der Denkweise der Konsumenten. Konsum ist dann nicht mehr eine asymmetrische Aktivität fortwährenden Kaufens, sondern ein dynamisches „Push and Pull" aus geben und kollaborieren, um zu bekommen, was man will. Auf diese Weise werden kollaborative und weitergebende Handlungen selbst zum Ziel. Kollaborativer Konsum zeigt Konsumenten, dass ihre materiellen Wünsche und Bedürfnisse nicht mit ihrer Verantwortung als Bürger in Konflikt stehen müssen. Die Vorstellung von Glück, verkörpert im einsamen Shopper umgeben von Dingen, wird absurd, und Glück wird ein viel umfassenderer, iterativer Prozess. «

Innerhalb weniger Jahre ist die Sharing Economy von der großzügigen Haltung „meins ist deins" zum Egoismus von „deins ist meins" übergegangen. Die nicht kommerziellen Werte, die in dem Begriff einer „Wirtschaft des Teilens" stecken, wurden aufgegeben oder sind nur noch Marketing-Parolen.

Deins ist meins. Die unbequemen Wahrheiten der Sharing Economy.

TEXT: TOM SLEE *

Mein Hauptantrieb, ein Buch zu schreiben, war das Gefühl, betrogen worden zu sein: Was als Aufruf zu Gemeinschaftlichkeit begonnen hatte, zu direkten persönlichen Beziehungen, Nachhaltigkeit und Teilen, ist zum Spielplatz von Milliardären, der Wall Street und Wagniskapitalgebern geworden, die ihre marktwirtschaftlichen Vorstellungen auf immer mehr Bereiche unseres Lebens ausdehnen. Das Versprechen einer persönlicheren Alternative zur Welt der Unternehmen treibt in Wahrheit eine noch härtere Form des Kapitalismus voran: Deregulierung, neue Formen anspruchsvollen Konsums und eine neue Welt prekärer Arbeitsverhältnisse. Es ist viel von Demokratisierung und Netzwerken die Rede, aber tatsächlich werden das Risiko (geteilt zwischen Dienstleistern und Kunden) und der Gewinn, der den Besitzern der Plattformen zufällt, voneinander getrennt. Allen Behauptungen von ökologischer Nachhaltigkeit zum Trotz, die Ideen wie „Zugang statt Besitz" und Nutzung überschüssiger Kapazitäten verkörpern sollen, fördert die Branche der Wirtschaft auf Abruf eine neue Form des privilegierten Konsums: „Lifestyle als Dienstleistung".

Besonders traurig dabei ist, dass viele wohlmeinende Menschen, die die naive Zuversicht hegen, dass das Internet automatisch egalitäre Gemeinschaftlichkeit und Vertrauen bringen wird, unwissentlich diese Anhäufung privaten Wohlstands und die Schaffung neuer, ausbeuterischer Beschäftigungsverhältnisse unterstützen und dazu beitragen.

TRENDS

Gegen Ende des Jahres 2015 hat sich die Spannung zwischen Kapital und Gemeingütern in der Sharing Eco-

nomy bis zum Zerreißen gesteigert, weil der Geldfluss in diesen Bereich von einem Rinnsal zu einer Flutwelle angeschwollen ist. [...]

Social Dining ist ein Bereich, der demnächst den Durchbruch erleben könnte. Feastly, VizEat, EatWith und mindestens noch 20 weitere Start-ups laden Menschen ein, in Privatwohnungen zu essen, die Gastgeber kennenzulernen, Geschichten auszutauschen und selbst gekochtes Essen zu genießen. Sie alle stellen es so dar, als ginge es um Austausch in einer informellen, privaten Atmosphäre. Und bis zu einem gewissen Punkt stimmt das sogar: Schon immer gab es Gelegenheiten, Essen zu einem gemeinsamen Erlebnis zu machen, neue Leute zu treffen; Dining Clubs haben eine lange Geschichte. Als weitgehend nicht kommerzielle Aktivität von geringer Intensität (vergleichbar etwa mit den rund 5 Millionen Amerikanern, die einem Buchclub angehören) unterliegen sie keiner Regulierung.

Problematisch wird es, wenn eines dieser Unternehmen erfolgreich weltweit expandiert, gelenkt durch Wagniskapitalgeber mit entsprechenden Erfahrungen, und aus dem gemeinsamen Essen ein Geschäftsmodell macht, indem es für jedes Essen eine Gebühr kassiert und den Gastgebern einredet, das sei eine Gelegenheit zum Geldverdienen.

Die Geschichte erfolgreicher Unternehmen in der Sharing Economy lehrt uns, wie wahrscheinlich diese Entwicklung ist. Ein Unternehmen, das in diesem Bereich den Durchbruch schafft, hat wahrscheinlich ein Geschäftsmodell, bei dem die Mahlzeiten als privater Austausch deklariert werden, und wird behaupten, dass Veranstaltungen, die über seine Plattform zustande kommen, keine Gesundheits- und Sicherheitskontrolleure brauchen und dass dafür keine Umsatzsteuer bezahlt werden muss. Gleichzeitig wird es Anbieter auf seine Plattform locken und dann   »

* Text aus *Tom Slee:* Deins ist meins. Die unbequemen Wahrheiten der Sharing Economy; aus dem Englischen von Ursel Schäfer; Verlag Antje Kunstmann, München 2016; der Textauszug ist entnommen aus dem Kapitel 9, S. 212ff;

Kunden von Uber zahlen ihre Gebühr an Uber BV, eine Tochtergesellschaft in den Niederlanden, sodass Uber in Kanada keine Steuern zahlen muss. Uber kümmert sich auch nicht darum, ob und wie die Fahrer ihr Einkommen versteuern; dabei weiß das Unternehmen sehr genau, dass viele klamme Fahrer es möglichst vermeiden werden, Steuern zu zahlen.

schauen, wie es von jedem dort vereinbarten Geschäft etwas abbekommen kann. Vielleicht verfolgt es sogar eine Blockbuster-Strategie und sieht sich nach großen Partnern um, mit denen es sich zusammenschließen kann. Und je erfolgreicher sie werden, desto mehr höhlen sie das Prinzip ihres Geschäftsmodells aus. [...]

Intimität in großem Stil ist keine Intimität mehr. Erfolgreiche Firmen der Sharing Economy vermeiden Ausgaben für Sicherheit. Sie verkünden öffentlich, dass Sicherheit ihnen wichtig ist, und machen ein paar Gesten in diese Richtung – Airbnb stellt Gastgebern kostenlos Rauchmelder zur Verfügung, Uber behauptet, dass die Fahrzeuge auf ihre Sicherheit überprüft würden –, aber sie tun auch alles, was sie können, um zu verhindern, dass kommunale Vorschriften wie die Überprüfung des Feuerschutzes bei Pensionen auf sie angewendet werden, und sie sorgen dafür, dass sie nicht haften, wenn etwas schiefgeht. [...]

Erfolgreiche Unternehmen der Sharing Economy sparen sich auch die Kosten, zu gewährleisten, dass jeder die entsprechende Dienstleistung in Anspruch nehmen kann. In meinem Buch wird geschildert, dass Uber und Lyft behaupten, es sei nicht ihr Problem, ob Behinderte die Fahrdienste nutzen können. Äußerungen, dass die Plattform von Airbnb unbeabsichtigt eine Auswahl nach Hautfarbe ermöglicht, wurden auf die gleiche Weise beantwortet. [...]

Erfolgreiche Unternehmen der Sharing Economy vermeiden außerdem die Ausgaben für Löhne, indem sie dafür sorgen, dass die Dienstleister nicht auf ihrer Gehaltsliste stehen. Stattdessen bezeichnen sie sie als selbstständige Unternehmer, in Amerika mit dem Kürzel „1099er" nach dem Steuerformular, das sie ausfüllen müssen. Zu dieser Strategie gehört auch, dass die Unternehmen nicht für Sozialleistungen und für Ausrüstung bezahlen, auch nicht für Warte- und Fahrzeiten, dass sie die Dienstleister nicht gegen Unfälle versichern und keinerlei Rentenverpflichtungen übernehmen. Vor mehr als zehn Jahren schaffte es Amazon, in den meisten Bundesstaaten über viele Jahre keine Umsatzsteuer bezahlen zu müssen und sich damit einen natürlichen Preisvorteil gegenüber dem stationären Buchhandel zu sichern. Die großen Internetfirmen wie Google und Apple sind allesamt Exper-

ten darin, ihre Geschäfte über Niederlassungen in Steuerparadiesen wie Irland oder Luxemburg abzuwickeln, um ihre Steuerbelastung zu minimieren.

Erfolgreiche Unternehmen der Sharing Economy haben aus diesen Beispielen gelernt. Taxikunden in Toronto bezahlen Umsatzsteuer an die Provinz Ontario, der Taxifahrer bezahlt Einkommensteuer auf seine Einnahmen, und das Taxiunternehmen (sofern vorhanden) zahlt ebenfalls Steuern. Kunden von Uber zahlen ihre Gebühr an Uber BV, eine Tochtergesellschaft in den Niederlanden, sodass Uber in Kanada keine Steuern zahlen muss. Uber kümmert sich auch nicht darum, ob und wie die Fahrer ihr Einkommen versteuern; dabei weiß das Unternehmen sehr genau, dass viele klamme Fahrer es möglichst vermeiden werden, Steuern zu zahlen. Airbnb behauptet, dass es bereit sei, wenn nötig Beherbergungsabgaben für seine Gastgeber zu entrichten und dass es seine Gastgeber auffordert, sich registrieren zu lassen, wenn die jeweilige Stadtverwaltung das verlangt. Aber etliche Beispiele zeigen, dass das Unternehmen sich in der Praxis so eigennützig verhält, dass viele Städte frustriert sind.

Erfolgreiche Unternehmen der Sharing Economy haben gelernt, ihre Ausgaben für Versicherungen auf ein Minimum zu reduzieren. Uber und Lyft argumentierten am Anfang, für private Fahrten sei keine gewerbliche Versicherung erforderlich, und in der Zwischenzeit haben sie nach Kräften daran gearbeitet, die Absicherung, die sie auf Drängen der Städte leisten müssen, möglichst niedrig zu halten. Versicherungsverpflichtungen auf die Fahrer abzuwälzen, ohne zu überprüfen, ob die Fahrer den Verpflichtungen nachkommen, in dem vollen Wissen, dass viele versucht sein werden, sich die Ausgaben für eine komplette Versicherung zu sparen, ist ein Weg.

Erfolgreiche Unternehmen der Sharing Economy konnten zwar nicht alle diese Verantwortlichkeiten umgehen, aber sie orientieren sich an einem Ansatz von Peter Thiel, der in viele Branchenführer investiert hat. Thiel sah Probleme mit Steuervorschriften voraus und verfolgte daher bei seinem Unternehmen PayPal von Anfang an eine aggressive Strategie: viel Geld verdienen, rasch expandieren und die Gesetzgeber vor vollendete Tatsachen stellen. Das ist die Zukunft, seht zu, wie ihr damit klarkommt.

«

DEINS IST MEINS.
Die unbequemen Wahrheiten der Sharing Economy.

Airbnb, Uber und andere Unternehmen der Sharing Economy geben sich als Speerspitze eines neuen Wirtschaftens. Sie künden von einer Epoche, in der wir Eigentum und Dienstleistungen unter Gleichen teilen und tauschen. Die altbekannten Probleme des Kapitalismus – Überproduktion, Ressourcenverschwendung und Umweltzerstörung – könnten auf diese Weise gelöst werden, so das Versprechen, und Vertrauensbeziehungen zwischen vormals Fremden würden zu einer neuen, besseren Gesellschaft führen.

Dieses Buch blickt hinter die Fassade und zeigt ein völlig anderes Bild: Einige wenige Firmen, die längst in den Händen der großen Risikokapitalgeber liegen, verdienen Milliarden an der Vermittlung von Teilen und Tauschen. Dabei dringen sie in vormals nicht ökonomisierte Lebensbereiche wie die Nachbarschaftshilfe vor, umgehen Errungenschaften wie Arbeitsschutzgesetze und Mindestlohn und verschärfen die Wohnungsnot in den Metropolen der Welt. Damit verlagern sie das unternehmerische Risiko vollständig auf ihre Vertragspartner und schaffen ein neues Prekariat aus Tagelöhnern, das sich mit mager bezahlten Gelegenheitsjobs mühsam über Wasser hält.

Deins ist meins zeigt, wie sich eine gute Idee in ein ausbeuterisches Geschäftsmodell verwandelt hat, und stellt uns die unbequeme Frage, ob das die schöne neue Welt ist, zu der wir durch unser Konsumverhalten beitragen wollen.

Von: TOM SLEE,
übersetzt von URSEL SCHÄFER

Verlag Antje Kunstmann, 2016,
272 Seiten;
ISBN 978-3-95614-104-1;

Wie wird die Sharing Economy von morgen das Brand Management von heute fordern? Welche neuen Strategien verlangt die Sharing Economy bei der Markenführung? XING Magazin hat diese Fragen Wiens führenden Markenberater gestellt. Begleiten Sie uns bei einem Spaziergang durch die Komplexität der Markenführung von morgen mit Thomas Hotko, Geschäftsführer der **Brainds**, Marken und Design GmbH

NEUE STRATEGIEN IN DER MARKENFÜHRUNG?

Wie Identity und Community Building klassische Marken verändern werden.

TEXT: XING MAGAZIN REDAKTION

XING Magazin: *Herr Hotko, erklären Sie uns bitte zuerst ganz allgemein, was bedeutet die Sharing Economy für bestehende Marken?*

Thomas Hotko: Die primäre Eigenschaft der Sharing Economy lautet „nutzen statt kaufen". Das kann man in der einfachsten Form so auslegen, dass Unternehmen nachdenken müssen, wie sie ihr Angebot eben nicht mehr als „Produkt" sondern als „Dienstleistung" gestalten können. Sharing bedeutet dann einfach, dass mehrere Menschen – wie etwa beim Car-Sharing – ein Produkt gemeinsam nutzen, wobei das Unternehmen das Produkt in seinem Eigentum behält.

Sharing findet daher vor allem in Kategorien statt, in denen der Besitz eines Produktes teurer kommt als die gelegentliche Nutzung. Die Aufgabe von Unternehmen liegt auf der Hand: Sie müssen die Fragen beantworten: „Wie können wir unsere Produkte weiter denken und als Dienstleistungen konfigurieren? Und wie müssen wir unsere Marke entwickeln, damit wir als Teil der Sharing Economy und als Dienstleistungsmarke akzeptiert werden?"

Dienstleistungsmarken sind ja weit komplexer als Produktmarken. Marken haben hier eine höhere Vertrauensfunktion zu erfüllen und der Mensch spielt eine wesentlich stärkere Rolle im Produktionsprozess als dies im Produktgeschäft der Fall ist. Auch die Wertschöpfung verändert sich in der Sharing Economy massiv.

Denkt zum Beispiel ein Autohersteller über Dienstleistung nach, begreift er rasch, dass das Service nicht Auto heißt, sondern bequemste Mobilität. Von A nach B. Angenehm, günstig, nett. Jederzeit und überall. Möchte ein Maschinenbauer eine Marke im Maschinenverleih aufbauen, muss er es zuerst schaffen, als Dienstleister top zu sein.

XING Magazin: *Wie können bestehende Marken in der Sharing Economy reüssieren?*

Thomas Hotko: Marken schaffen positive Vorurteile. Diese positiven Gedanken in den Köpfen der Konsumenten lassen sich jedoch nicht einfach von einer Kategorie auf

Bernhard Seyringer und Thomas Hotko (v. l. n. r.); © David Payr

eine andere übertragen. Niemand will Kosmetika von Suchard oder eine Schokolade von Nivea. Das sind nur zwei plakative Beispiele dafür, dass Marken immer in „Kategorien" funktionieren. Analog dazu kann eine Produktmarke oft nicht 1 : 1 als Marke für eine neue Dienstleistung genutzt werden, da diese in eine andere Kategorie im Kopf des Kunden fällt.

Ein Unternehmer mit einer produkt-basierten Marke muss daher überlegen, ob er mit dieser Marke (und ihren spezifischen Qualitäten in den Köpfen von Konsumenten) auch auf einem Dienstleistungsmarkt antreten kann. Meist gehen derartige Unterfangen schief – die Marke wird massiv überdehnt und erfüllt die Forderungen der neuen Kategorie nicht.

XING Magazin: *Welche Implikationen sehen Sie für den Aufbau von Corporate Sharing Angeboten?*

Thomas Hotko: Durch die begrenzte Wirkung von Marken in ihren angestammten, gelernten Kategorien, werden in der Sharing Economy am laufenden Band neue Marken aufgebaut und neue Wertschöpfungsketten definiert. Jedes Unternehmen muss heute darüber nachdenken, ob es in seinem Portfolio Dienstleitungsmarken für die Sharing Economy aufbauen will und kann, und wie die gesamte Wertschöpfung aus Kundensicht aussieht. Das ist eine große, hochkomplexe Aufgabe. Bei **Brainds** arbeiten wir oft mit Design-Thinking-Methoden, um neue Denk-Perspektiven in Unternehmen anzustoßen und den Kunden radikal in den Mittelpunkt von Entwicklungen neuer Angebote zu stellen. »

Identität ist das Bindeglied zwischen einem Produkt oder einer Leistung und der eigenen Lebenswelt. Wir konsumieren Marken dann, wenn sie zu unserem Lebensstil, unseren Einstellungen und unserem Wertegerüst passen. Nur was zu mir passt, kommt in meine Wohnung, darf in mein Leben.

XING Magazin: *Was bringt Markendenken beim Aufbau von Angeboten für die Sharing Economy?*

Thomas Hotko: Spannend ist, dass Marken selbst ein Bestandteil der Sharing Economy sind – und immer schon waren! Es sind immer Gruppen von Menschen, die sich Marken teilen, diese gemeinsam nutzen und darüber reden. Marken gehören ja nur formal und rechtlich dem Unternehmen, die Markenfans und -gegner haben aber einen entscheidenden Anteil daran, wie gut und renommiert die Marke tatsächlich ist. Folglich kann der monetäre Markenwert nur am Markt, das heißt bei den Konsumenten selbst geprüft werden: Ihr Commitment bestimmt den finanziellen Wert der Marke.

Modernes Markendenken geht heute vom Modell der „identitätsbasierten Markenführung" aus (vgl.: C. Burmann et. al., *Identitätsbasierte Markenführung*, Springer/Gabler 2012). Identität ist das Bindeglied zwischen einem Produkt oder einer Leistung und der eigenen Lebenswelt. Wir konsumieren Marken dann, wenn sie zu unserem Lebensstil, unseren Einstellungen und unserem Wertegerüst passen. Nur was zu mir passt, kommt in meine Wohnung, darf in mein Leben.

Diese Identitätsmerkmale und unsere vermeintlich ganz individuellen Motive teilen wir mit anderen Menschen und Nutzergruppen. In der Marktforschung werden solche Gruppen mit ähnlichen Identitäts-Strukturen Milieus genannt (z.B. Sinus Milieus). Milieus helfen, weil sie Komplexität abbauen. Sie nutzen und bedienen Stereotype: der klassische Audi-Fahrer, die klassische Gucci-Kundin, die „Ja, natürlich"-Familie. Fokussiere ich mich in der Entwicklung meines Angebots auf eine spezifische Milieugruppe, wird die Entwicklung von Angeboten einfacher. Ich kann rascher gesamthaft über den Menschen, seine Bedürfnisse, Lebenswelt, Motive und Nutzendimensionen nachdenken, rascher Prototypen bauen, rascher testen und schneller am Markt sein als andere.

XING Magazin: *Wie entwickelt sich Sharing als Lifestyle? Geht es um Abgabe oder Übernahme von Verantwortung?*

Thomas Hotko: Sharing ist Caring! Die Protagonisten und Nutzer der Sharing Economy zeigen, dass sie Ressourcen sparen. Im Master-Narrativ bezeichnet sich die Sharing Economy als nachhaltiger – und damit besser – als Produkthersteller der „Konsumindustrie". Die Nutzer zeigen auch, dass sie moderner sind als die Generation der stolzen „(Auto)Besitzer" des letzten Jahrhunderts. Natürlich wird damit auch ein Teil der Verantwortung, die über Eigentum entsteht, abgegeben. Aber darum geht es ja auch. „Nutzen statt besitzen" erleichtert das Leben. Der Einzelne hat weniger Sorgen. Besitz belastet.

Im Gegenzug gibt der Einzelne in der Sharing Economy auch ein großes Stück Freiheit und Selbstbestimmung ab. Das wird unsere Gesellschaft noch lange beschäftigen. Teils sind wir das gewohnt und es hat sich bewährt. Wir reden beim Zug ja auch nicht mit, welche Farbe er hat und wann er fährt. Es entstehen hier aber große Strukturen, die mit „lock in"-Strategien klar vorgeben, was zu welchem Preis verfügbar ist, und was überhaupt angeboten wird. Big Data und das Netz bestimmen Angebot und Nachfrage. Der Wettbewerb wird eingeschränkt.

Im Aufbau solcher Strukturen helfen Marken vor allem den privaten Unternehmen die nötige gesellschaftliche und auch staatliche Akzeptanz zu erhalten. Unternehmen verfügen ja nicht über die Staatsmacht und -budgets, eine Infrastruktur für gesellschaftlich nutzbare Dienstleistungen einfach aufzubauen. Für diesen Zweck sind Marken sehr hilfreich, um im großen Stil Relevanz oder auch Autorität in der Community der Sharing Economy aufzubauen. Und natürlich auch dabei, überhaupt eine Community hinter sein Angebot zu bringen.

FALLBEISPIEL:

Entwicklung einer „Shared Identity" für die Medizinische Universität Wien

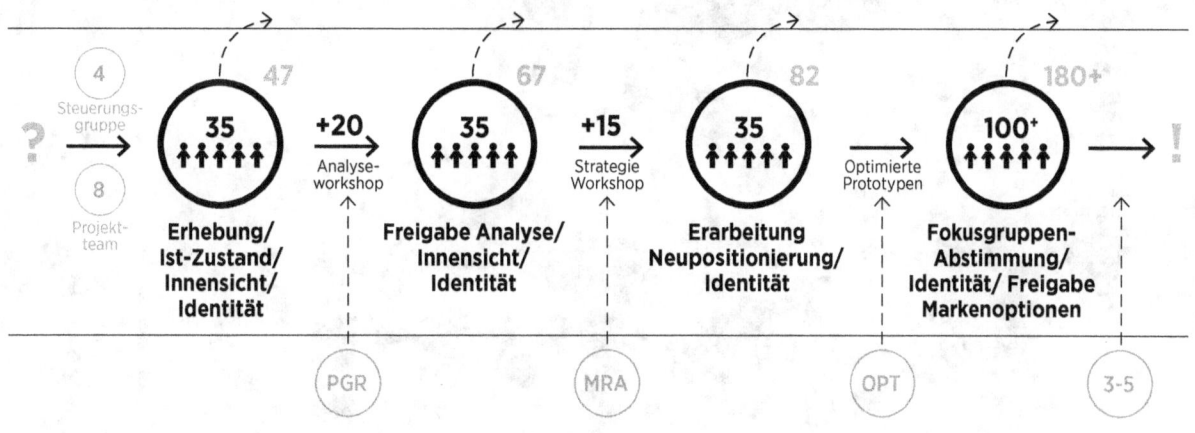

Brainds beschäftigt sich mit der Entwicklung von „Shared Identities" für Universitäten, Städte, Regionen und Unternehmen.
Im Bild: Diagramm zum partizipativen Markenentwicklungs-Prozess der Medizinischen Universität Wien auf Basis des „Brand Prototyiping Modells" von **Brainds**, unter Einbeziehung von mehr als 200 Stakeholdern.

XING Magazin: *In der Markenkommunikation scheinen Communities sehr wichtig. Wie schafft man es eine Community zu entwickeln?*

Thomas Hotko: In der Sharing Economy ist es viel leichter, Communities aufzubauen als im „klassischen" Geschäft. Das liegt daran, dass ich einen Teil der Wertschöpfungskette dem Kunden oder Partner – also der Community – überlasse. Ich kann in der Sharing Economy Konsumenten – oder auch kleine Unternehmenspartner – einladen, „Prosumenten" zu werden. Sie können produzieren oder konsumieren, oder beides. Damit wird man für eine Vielzahl von Menschen interessant, die sonst nur als Kunde im Zuge des Kaufakts über mich nachdenken. Andere dürfen und sollen mitverdienen. Man wird als

Partner interessant und kann riesige Netzwerke knüpfen, die wiederum eine große Kommunikationskraft entwickeln. Weil die Kommunikationskosten am heutigen Markt für Aufmerksamkeit massiv explodiert sind, helfen die Communities doppelt: Sie senken zuerst den Budgetbedarf für klassische Werbung. Weit wichtiger noch: Da für Menschen nichts so viel zählt wie eine persönliche Empfehlung, wird auch die Qualität der Kommunikation bzw. die Markenreputation durch Communities bestens befordert. Voraussetzung für eine derartige Community ist aber, dass der Zugang einfach gestaltet wird und das Angebot in die Lebenswelt der Community passt.

XING Magazin: *Danke für das Gespräch!* «

THOMAS HOTKO

Mag. Thomas Hotko ist Managing Partner und Geschäftsführer von **Brainds**, Marken und Design GmbH. Er berät seit 2003 namhafte Unternehmen in unterschiedlichsten Branchen, aber auch Städte, Regionen, Universitäten oder NGOs. Seine Spezialisierung liegt im Lösen komplexer Herausforderungen des Corporate Branding auf Basis der identitätsbasierten Markenführung. Dazu hat er innovative Beratungsinstrumente für die Markenführung übersetzt und auch neu entwickelt. Neben zahlreichen Fachvorträgen hält er auch Lehrveranstaltungen an der Donau Universität Krems oder an der New Design University in St. Pölten. Hotko und sein Team wurden unter anderem mit dem österreichischen PR-Staatspreis und einer Nominierung zum Iconic Award Deutschland ausgezeichnet.
www.brainds.com

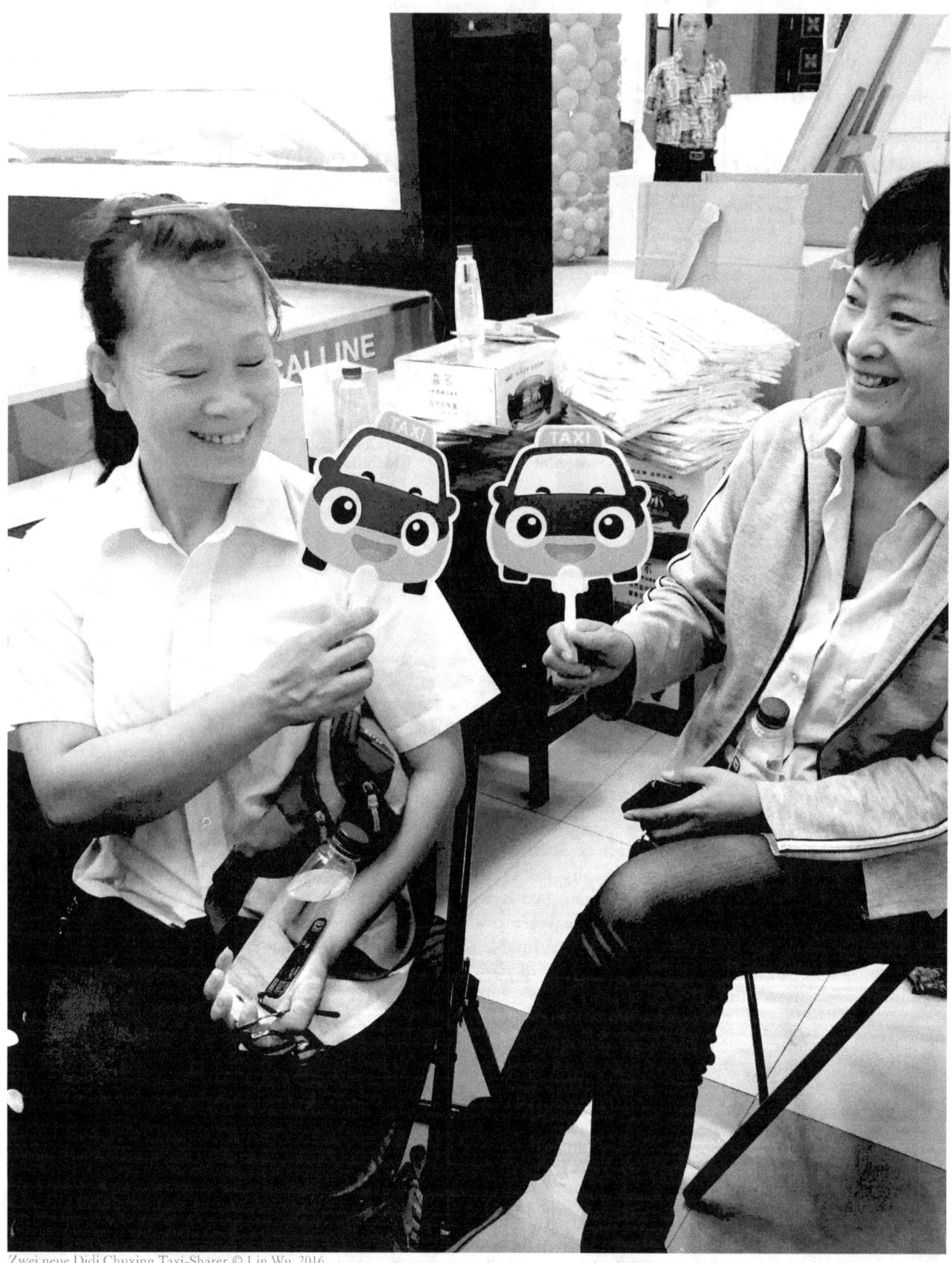

Zwei neue Didi Chuxing Taxi-Sharer © Lin Wu, 2016

In China hat sich die Sharing Economy in den letzten Jahren rasant entwickelt: Auf dem chinesische Markt existiert neben den großen ausländischen Playern (allen voran Airbnb und Uber) eine unüberschaubare Fülle von in China entwickelten und von chinesischen Investoren finanzierten Projekten. Ein Ende Februar 2016 vom State Information Center der chinesischen Regierung 国家信息中心 veröffentlichter Bericht über die Sharing Economy belegt diese Entwicklung mit eindrücklichen Zahlen: 50 Millionen Chinesen (5,5 Prozent der Werktätigen Chinas) stellen Dienstleistungen bereit, die von (konservativ geschätzt) 500 Millionen in Anspruch genommen werden.

SHARING ECONOMY IN CHINA.
Ein neues sozioökonomisches Entwicklungsmodell?

TEXT: INGRID FISCHER-SCHREIBER

Der Markt für solche Dienstleistungen erreichte im Jahr 2015 ein Volumen von 275 Milliarden Euro. Für die nächsten fünf Jahre geht das State Information Center von einer jährlichen Wachstumsrate von 40 Prozent aus: Bis 2020 soll demnach die Sharing Economy zehn Prozent des BIP ausmachen.

Das sind die Dimensionen der Sharing Economy in China Ende 2015. Diese Dimensionen sind erstaunlich, lassen sich aber plausibel erklären.

Chinas Internet ist das größte der Welt: Ende 2015 gab es über 700 Millionen User, davon 530 Millionen Smartphone-User. Diese chinesischen User sind sehr technikaffin und neuen Technologien gegenüber aufgeschlossener als viele andere, Datenschutz und Privacy spielen eine geringere Rolle als im westlich/europäischen Kontext. Dank der hohen Anzahl an Smartphone-Usern ist China inzwischen Vorreiter in Sachen mobiler Bezahldienste und Authentifizierungsmodelle geworden, und es ist ein Ökosystem an Apps für alle nur erdenklichen Lebensbereiche entstanden, das seinesgleichen sucht: Man denke nur an die Universal-App WeChat, die für die meisten Chinesen das Tool ist, mit dessen Hilfe sie alle Aspekte ihres Alltags organisieren und die schon viel mehr als nur eine App ist, sondern eher ein Betriebssystem fürs mobile Leben.

Dazu kommen die hohe Bevölkerungsdichte und die fortschreitende Urbanisierung, die zu massiven Umwelt- und Verkehrsproblemen und zu ungleicher Ressourcenverteilung führt, was langsam ein Umdenken in der Bevölkerung bewirkt. Die gut ausgebildete junge Elite schließt sich der internationalen Grün-Bewegung an und wehrt sich gegen einen Trend des ostentativen Konsums – Stichwort (gefakte) Louis-Vuitton-Taschen – und eine „mehr ist besser"-Mentalität. Etwas mit Fremden zu „sharen" ist in dieser Bevölkerungsgruppe nicht nur ein Zeichen für frei gewählte Selbstbeschränkung, sondern auch eine Möglichkeit zu kommunizieren, dass man die Mittel hat, um Dinge besitzen zu können, aber sich großzügig dafür entscheidet, sie mit anderen zu teilen. Dieser Trend verdankt sich auch einem kulturell tief verankerten Hang zum Sparen, wodurch die Sharing Economy bei breiten Bevölkerungsgruppen auf fruchtbaren Boden » fällt, z. B. wenn es um gemeinsame Taxi-Nutzung und das Teilen von Wohnraum – den beiden erfolgreichsten Zweigen der chinesischen Sharing Economy – geht.

Die chinesische Sharing Economy befindet sich – trotz der beeindruckenden Zahlen – erst im Aufbau, aber sowohl die vom Sharing erfassten Bereiche, als auch die Anzahl der Plattformen weiten sich stetig und schnell aus.

Die zahlreichen chinesischen Airbnb-Varianten erreichten 2015 ein Volumen von 1,3 Milliarden Euro (eine Steigerung von 163 Prozent seit 2012).

Didi Chuxing 滴滴出行, die beliebteste Taxi-Plattform, die aus einem Merger von Dida Dache 滴滴打车 und Kuai-di Dache 快的打车 entstand (hinter denen zwei der größten chinesischen Internet-Unternehmen stehen – Tencent und Alibaba), hat 1,4 Millionen Fahrer und mehr als 250 Millionen registrierte User, die mehr als vier Millionen Fahrten pro Tag absolvieren.

Mingyi Zhudao 名医主刀, eine Plattform auf der man den besten Arzt für eine anstehende Operation ausfindig machen kann, hat in knapp einem halben Jahr mehrere Tausend Operationen vermittelt und ein dichtes Partnernetzwerk aufgebaut. Es verzeichnet monatliche Steigerungen von 40 Prozent.

JD Crowdfunding 京东产品众筹, eine der größten Crowdfunding-Plattformen, hat seit ihrer Gründung im Juli 2014 mehr als 200 Projekte mit jeweils über 140.000 Euro und mehr als 20 Projekte mit jeweils über 1,4 Mio. Euro gefördert.

JD Crowdsourcing 京东众包, das auf Kurierdienste spezialisiert ist, hat innerhalb eines Jahres 500.000 Kuriere und 200.000 Schnellkuriere für sich gewinnen können.

Zhubajie 猪八戒网, die größte Crowdsourcing-Plattform im Bereich Creative Industries, verzeichnet 13 Millionen registrierte User, 720 Mio. Menschen haben sich dort an Crowdfunding-Projekten beteiligt, 300 Mio. haben Dienstleistungen in Anspruch genommen. Der Jahresumsatz 2015 betrug über 1 Milliarde Euro.

Der Sharing-Economy-Ansatz ermöglicht es chinesischen Unternehmern auch zu internationalisieren. Die Taxi-Plattform Didi Chuxing kooperiert z. B. mit Lyft (USA), Grabtaxi (Südostasien) und Ola (Indien) und erreicht so die Hälfte der globalen Bevölkerung. Die chinesische App Wifi-Masterkey, die nach offenen Hotspots sucht, ist seit Mai 2015 international verfügbar und rangierte im Februar 2016 in den Google Play Stores von 50 Ländern bereits auf Platz 1. Die App hat User in 223 Ländern. Wifi-Masterkey ist damit eine der wenigen chinesischen Apps, die global präsent sind.

Die Sharing Economy wird in China jedoch nicht nur als ein neues Wirtschaftsphänomen gesehen, das eine neue Ressourcenverteilung ermöglicht, sondern auch als eine neue Form des Konsums und als neues sozioökonomisches Entwicklungsmodell, verknüpft mit der Hoffnung, dass sich die Versprechen der Informationsgesellschaft verwirklichen und dringliche soziale Probleme gelöst werden können, z. B. die ungleiche Ressourcenverteilung, die massiven Umweltprobleme in weiten Teilen des Landes, soziale Ungerechtigkeit oder der eklatante Vertrauensmangel in der chinesischen Gesellschaft.

Das Konzept der Sharing Economy entspricht zudem der aktuellen Neuausrichtung der chinesischen Wirtschaftspolitik in Zeiten des „New Normal" (also des verlangsamten Wirtschaftswachstums), die einerseits auf Innovation, Unternehmertum, Umweltschutz, Offenheit und Teilhabe setzt, und andererseits auf eine Transformation traditioneller Unternehmen in vollständig „internetisierte" Betriebe setzt – was unter dem Begriff „Internet Plus" verstanden wird. Premier Li Keqiang wies im Tätigkeitsbericht der Regierung, der anlässlich der Tagung des Nationalen Volkskongresses im März 2016 präsentiert wurde, darauf hin, dass die Sharing Economy durch die Schaffung von technologischen Plattformen, von Clustern für „emergierende Industrien" und den Ausbau

Ein JD-Kurier bei der Arbeit © Mia Mann, 2015

der Dienstleistungsgesellschaft gefördert werden müsse. Nur so könne der Innovations- und Unternehmergeist breiter Bevölkerungsschichten gestärkt werden, denn Sharing-Plattformen böten Start-ups die Möglichkeit, risikoarme „Mikroinnovation" als ersten Schritt in Richtung größerer Innovationen zu betreiben. Die Sharing Economy solle aber auch eine Rolle bei der Neustrukturierung der Wirtschaft im Sinne der im Moment diskutierten „angebotsorientierten strukturellen Reformen" spielen.

Welchen Stellenwert die chinesische Regierung der Sharing Economy beimisst, wird auch daraus ersichtlich, dass die Regierung im März 2016 ankündigte, den rasant wachsenden Taxi-Anbieter-Markt, der zur Zeit in einer rechtlichen Grauzone operiert, staatlich zu regulieren und eine legale Basis sowie ein förderliches Steuerumfeld für gewerbliche wie private Taxifahrten-Anbieter schaffen zu wollen (was auch für Uber gelten wird, das im Moment in 40 chinesischen Städten präsent ist, bis Ende 2016 aber 100 Städte abdecken will).

Außerdem gründete im Dezember 2015 die Chinese Internet Society die Commission on Sharing Economy of China (CSE). Mit an Bord sind Unternehmen wie Didi Chuxing, Tencent (einer der drei Internet-Giganten und Erfinder von WeChat), Lenovo und LinkedIn (China). Diese Kommissi-

on soll eine Schlüsselrolle bei der Koordination zwischen Anbietern, Regulatoren sowie Opinion-Leadern spielen und dazu beitragen, dass eine „Collaborative Governance" entstehen kann, um Fragen der Standards, Sicherheit, Qualitätssicherung und des Datenschutzes zu klären.   «

QUELLEN:

中国分享经济发展报告 2016 (Bericht über die Entwicklung der chinesischen Sharing Economy 2016), http://www.sic.gov.cn/archiver/SIC/UpFile/Files/Htmleditor/201602/20160229121154612.pdf (zuletzt besucht am 15. 3. 2016)

China to give green light to ride-hailing firms Uber, Didi Kuaidi, http://www.scmp.com/news/china/policies-politics/article/1924576/china-give-green-light-ride-hailing-firms-uber-didi (zuletzt besucht am 15. 3. 2016)

Chinese Regulators Welcome New Industry Association Led by Didi Kuaidi in Support of Sharing Economy, http://en.acnnewswire.com/press-release/english/27135/chinese-regulators-welcome-new-industry-association-led-by-didi-kuaidi-in-support-of-sharing-economy (zuletzt besucht am 15. 3. 2016)

Bloop Proactive Arts Festival, Ibiza; Wandgemälde in Sant Antoni von PHLEM. © BLOOP @ KUMHARAS

We are witnessing a new wave of automation. Computers and robots are becoming both cheaper and more advanced year by year, and they take over more and more work that used to be done by humans. We look at four scenarios for what role human beings may play in the highly automated society of the future.

WHAT WILL HUMAN BEINGS DO IN THE FUTURE?

TEXT: KLAUS Æ. MOGENSEN*

In 2013, Oxford Martin School of Economics caused a stir with a report which estimated that roughly half of US jobs faced replacement by computers and robots over the next 20 years. More precisely, it was estimated that 47 percent of American job types faced a great risk of being automated, while another 19 percent faced a medium risk of being automated. According to the analysis, only 33 percent face little or no risk of automation. Among the 'safe' jobs, the authors Carl Benedikt Frey and Michael Osborne count work in health, law, finance, media and education. However, if we look at the automation that already is happening in these fields, with e. g. IBM's self-learning supercomputer Watson, it seems naïve to imagine that these fields will remain 'protected'. Few job types in the listed fields are likely to be entirely replaced by computers and robots, but new technology will make it possible for a few to do things that today are the work of many. Hence, unless there is a need for handling far more tasks, even these fields will be subject to increased unemployment due to automation.

In a more recent report from 2015, Frey and Osborne take a closer look at the issue. A recurring point is that automation generally increases inequality in a society. Since 1980, productivity in developed economies, measured as GDP per hour worked, has increased an average of 1.7 percent a year, but

work wages, including employer-paid benefits and insurances, have only increased 1.1 percent a year. The difference has gone to the people who own the machines or speculate in securities – a result that reflects economist Thomas Piketty's conclusion that income from capital investments generally grows faster than income from work. The Gini coefficient (a measure of income inequality) in developed economies has since 1980 grown from less than 28 to more than 33, and this reflects that the very richest in our societies experience enormous income increases while the majority experiences stagnating or even declining real wages. Frey and Osborne think that the sweeping automation wave we will see in the coming decades will increase inequality further by particularly benefiting those who own the machines, directly or indirectly through capital investments.

TWO CENTRAL UNCERTAINTIES

The question is if it has to be this way. The future isn't set in stone. Social developments aren't shaped solely by large, unstoppable trends, but also very much by the decisions we collectively make. Hence, we need to think in terms of scenarios – visions of different, possible futures – to get the full picture of the challenges and, not least, opportunities that the changes will bring.

»

* Dieser Artikel ist im **Scenario Magazine** 3/2016 erschienen. **Scenario Magazine** wird vom **Copenhagen Institute for Futures Studies** herausgegeben.

In the years following the financial crisis, most developed countries have experienced major unemployment. In recent years, economic growth has started to resume, but employment hasn't increased as much as it was hoped. The general interpretation is that the renewed growth is due to a combination of increased automation and rapidly growing tech companies that don't need many employees. The three biggest companies in Silicon Valley were in 2014 estimated to have a combined market capitalisation in excess of a trillion dollars. Distributed among their only 137,000 employees, this was about USD 7.3 billion per employee.

There is no doubt that automation will make a lot of labour obsolete. What is uncertain is whether the economic growth generated by automation, with some delay, will create as many workplaces as are lost. This has actually been the way of things since the dawn of the industrial age, in spite of the massive automation that followed the invention of the steam engine. When farming was industrialised, new jobs were created in manufacturing, and as manufacturing has become automated, new jobs have cropped up in the service and knowledge industries. Economic growth gives people more money to spend, which means that they can pay for products they couldn't afford before, or have others do tasks that they used to have to do on their own. Automation generates economic growth, and economic growth generates jobs.

However, several scientists believe that the situation is different this time. As mentioned, half of current jobs are expected to be automated over the next 20 years, and there is no reason to believe that the pace will decrease in the decades after that. This is generally a result of the development of artificial intelligence that makes computers and robots able to handle increasingly complex tasks. According to extrapolations of computer capacity, an inexpensive computer which you can get for USD 1,000 may already by 2023 have a capacity corresponding to the human brain. This capacity is expected to increase a hundredfold every decade after that if advances are made at the past and current pace. This means that a growing group of people will become unable to perform any kind of job – mental or physical – that it won't make more sense having robots or computers do. I will argue that this in fact is a development that has been underway for a long time. There are people permanently outside the labour market today who would have had no problem getting a job fifty or a hundred years ago.

The first central uncertainty for the coming automation wave is hence: Will as many new jobs be created over time as disappear, or will automation take over more jobs than are created and hence lead to increased unemployment?

The other central uncertainty is the risk of increased economic polarisation that Frey and Osborne mention: Will the economic growth only benefit a small elite, while the majority experiences declining wages or is thrown into unemployment, or will the increased wealth come to benefit all? Increased polarisation as a result of automation is no law of nature; it is a result of the priorities and decisions of our governments (and hence our voters). A real political effort to combat inequality – something that the UN in 2015 set as one of the most important goals for the future – could mean that everybody, or at least most, will benefit from the global increase in wealth generated by automation. The question is if political commitment can be mustered globally for such an effort.

FOUR SCENARIOS FOR HUMAN WORK IN THE FUTURE

These two uncertainties frame a range of outcomes in two dimensions. One dimension represents the uncertainty new jobs versus unemployment (to put it simply); the other the uncertainty economic polarisation versus economic equalisation (put equally simply). In order to illustrate the breadth of this range of outcomes as best possible, I outline four scenarios below which represent situations near the extremes of the two uncertainties. The scenarios are hence not predictions of the future, but rather illustrations of how differently the future may turn out as a result of the decisions we collectively make today. They can be compared to street signs at a crossroads: If you turn east, you come to Easthaven; if you turn north, you come to Northcastle, and so on. Which destination you find most desirable will likely depend on who you are and how well you think you will do in the different scenarios.

The four scenarios are based on the following combinations of uncertainties:

- New feudalism: new jobs and economic polarisation

- Creative society: new jobs and economic equalisation

- Superstar economy: unemployment and economic polarisation

- The hobby age: unemployment and economic equalisation

Once you have read the scenarios, you might consider which scenario you believe is most likely to come true. Then you might consider which scenario you would prefer to live in. If your favourite scenario isn't the scenario you believe in the most – what are you going to do about it? «

POLARISATION

NEW FEUDALISM As automation gathers momentum, wages on the labour market will be put under increased pressure. Many skilled workers as well as well-educated academics see their jobs disappear and are forced to take whatever work they can find, no matter how humble. The few who become richer because of automation are willing to pay for all sorts of labour – as long as it doesn't cost too much. The middle class is squeezed, and society has been split into an upper class of 0.1-1 percent of the population, a 'middle' class of 10-20 percent, with the rest making up a 'precariat'. This 'precariat' is the poorest segment in society, living with constant uncertainty in their everyday lives. Job security is an unobtainable pipedream, and even when working full time, it is difficult for most people to make ends meet due to low wages.

The situation isn't unlike the Middle Ages, when a small elite of feudal lords ruled over large populations of vassals and serfs, with a modest middle class of merchants, guilded craftsmen, and priests. All serve the 'feudal lords', but some may, due to fortunate circumstances, create decent lives for themselves. Social mobility is low, as neither the upper class nor the middle class is interested in giving the 'riff-raff' any opportunity to challenge their position.

EQUALISATION

THE CREATIVE SOCIETY Certain types of work aren't easily automated. This is particularly true for creative work in a broad sense – research, development, design, communication, coaching, management, strategy, entertainment and art – since computers can't be programmed to be creative, let alone innovative. As more routine jobs in production, services and knowledge work become automated, labour is liberated for creative work, and it turns out that there actually are enough jobs in the creative industries. All people are born creative – just observe children at play – and even though many have unlearned their creativity in the performance-oriented industrial and knowledge societies, most are able to rediscover it.

It was said jokingly about the service society that everybody would make a living cutting each other's hair, and in the creative society we could say that everybody makes a living entertaining, inspiring, inventing and designing for each other – we have machines to do all the dull, routine work. Material wealth is taken for granted, since automation means that products aren't much more expensive than the raw materials they are made from. This means that the focus increasingly is shifted towards immaterial, emotional and cultural wealth. They who own the machines do not become particularly rich, since the work that machines can do in reality becomes worth less and less. What's valuable is the special and unique, and that's all the things that only people can do.

SUPERSTAR ECONOMY The automation of manufacturing has shown that a few people, with the help of advanced machines, can produce far more than a lot of people without such help. It turns out that the same is true for the creative industry. We have long seen this in the music industry, where a few superstars dominate the hit lists and the music shows in radio and TV. Why settle for second best when everybody can have the best? In the old days, a lot of people had to slave for years to make an animated movie; today a single person with the right software can do it alone. Architects and designers can handle far more projects in half the time by having computers do the laborious parts of the work. In the knowledge industry, advanced expert systems take over a lot of work that used to be handled by doctors, lawyers, economists, and other specialists. This has created a superstar economy, where the elite in all industries take all the customers without leaving any for the many under the top layer. The winner takes it all.

The result is that it becomes increasingly difficult for most people to find work, even though neither ability nor willingness is lacking. More and more end up on public benefits, which keep getting reduced as more and more need support. Because the unemployed with their almost negligible income stop being interesting as consumers, the elite basically only create products for themselves, apart from cheap fast food and mass-produced entertainment to keep the masses from rebelling. Panem et circenses. If the elite want people to do various things, no matter how demeaning, it is not difficult for them to find volunteers – if there is even the tiniest chance that it can lift those people out of poverty. Private reality shows have become a popular pastime among the elite.

THE HOBBY AGE Automation takes over more and more jobs, but since automation also creates economic growth, this is not seen as a problem. It doesn't make sense to force people to work when the machines can do the work better and more cheaply. Hence, society has chosen to make sure that everybody has a good life, where machines provide not just the bare necessities, but basically all that a heart could desire. Some communities introduce basic income; in others, all sorts of services are made free for people that don't have an income. Why should people suffer in a rich society?

Nobody has to work, but few choose to lean back and do nothing. Voluntary social work is common, and many throw themselves at hobby projects, creating art or inventing stuff. This makes society richer in social and cultural capital, and in this way, citizens earn the rights to their free benefits. A few still manage to create enormous value and thereby amass enormous fortunes, but it is ensured that everybody will benefit from the development. As Buckminster Fuller said already in the 1950s: A few can create breakthroughs that can support everybody else; hence we should do away with the notion that everybody must work in order to justify their right to exist

CARTOON

"I STILL PREFER THE PIPE. A CEREMONY ISN'T THE SAME SHARING THE NICOTINE PEACE GUM."

IMPRESSUM

XING - Ein Kulturmagazin

Share me, Baby! Im Westen und Osten was Neues.

34, Jahrgang 13, 2016

ISSN 2075-2539

XING Büro zur Förderung von Kultur- und Wissenschaftskommunikation

Herausgeber: Bernhard Seyringer

Recherche & inhaltliche Kooperation: MRV Media Research Vienna;

Einzelheft: 15 Euro + Versandkosten

Verkauf in ausgewählten Buchhandlungen und öffentlichen Institutionen,

Details unter **xing-magazin.at**

Bankverbindung: Bank Austria Creditanstalt : BLZ 12000 KtoNr 50109836701

Redaktionsadresse: xing@curbs.at, XING c/o JKU-Inst. Päd./Psych., Altenberger Straße 69, 4040 Linz;

Gefördert von: Kulturland Oberösterreich, Linz Kultur;